読みなおす日本史

木曽義仲

下出積與

吉川弘文館

目　次

駒王丸

大倉館

久寿《きゅうじゅ》二年（一一五五）八月十六日、武蔵国《むさしのくに》比企郡《ひきぐん》（埼玉県）の大倉館《おおくらのたて》に泊っていた帯刀先生《たてわきせんじょう》源《みなもとの》義賢《よしかた》を、突如、鎌倉悪源太義平《かまくらのあくげんたのよしひら》が襲った。義賢はよく戦ったが、不意をつかれたのと無勢のために、とうとう義平のために討たれてしまった。

義賢は、源氏の棟梁《とうりょう》（総大将、親方）として東国に地盤を確立した八幡太郎義家《はちまんたろうよしいえ》の末裔で、為義《ためよし》の次男である。兄の義朝《よしとも》は、源氏の棟梁として京都におり、摂関家藤原氏に仕えていたが、義賢は東国にあって、上野国《こうづけのくに》（群馬県）多胡郡《たこぐん》の豪族秩父次郎大夫重隆《ちちぶのじろうだいぶしげたか》の養子になっていた。家柄がすぐれ武勇にもめぐまれていたので、上野・武蔵《むさし》（埼玉県・東京都）の武士たちの多くが義賢にしたがい、源氏の勢力の一つの中心になっていた。これを討った義平は、当時の源氏の棟梁であった義朝の長子である。父にしたがって京都に行かずに、本拠地の相模《さがみ》国（神奈川県）鎌倉に留守をまもっていた。だから、義賢は義平には叔父であり、義平は義賢の甥《おい》に当たるわけである。その叔父と甥が戦って、甥が叔父を討っている。ときに義平は十五歳で、このため武名が大いにあがり、以後は鎌倉悪源太と称されるようになった（悪とは「恐ろしい」とか「強い」という意味）。

　叔父と甥といえば、ともに力を合わせて源氏の興隆を図るのが普通であるのに、その甥が叔父を討ち滅ぼすというのは、まことに不思議なことであるが、残念ながら正確な原因はわからない。どうしたことか、源氏には、

源氏系図（一）

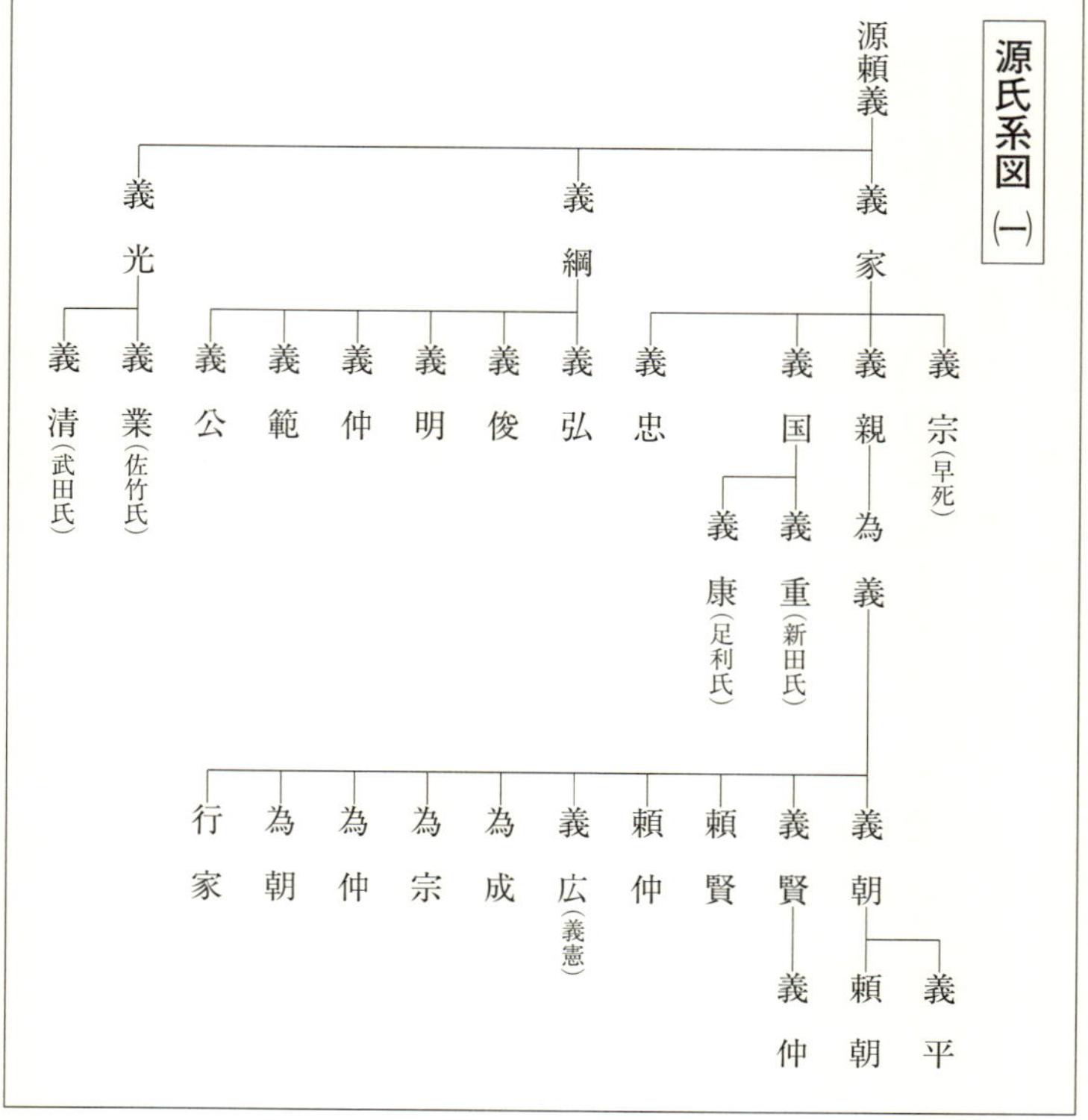

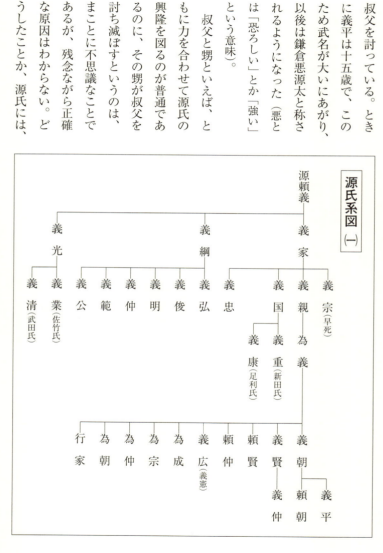

一族中で骨肉相争う悲劇が多い。嘉承《かしょう》元年（一一〇六）義家が没すると、源氏の棟梁の地位をめぐって争いが起こる。義家が生前に源氏一流の正嫡と定めていた四男検非違使《けびいし》義忠《よしただ》は、天仁《てんにん》二年（一一〇九）二月三日の夜、何者かに襲われて傷つき、それがもとで二十六歳の若さで五日に死去した。関係者は義家の弟である陸奥守《むつのかみ》義綱《よしつな》一家とされて、朝廷から追討されることになった。その追討使を命ぜられたのは、義綱には甥にあたる義親《よしちか》の男為義《ためよし》（義朝・義賢の父、義平の祖父）である。為義は東国に走った義綱を途中の近江《おうみ》国甲賀《こうが》郡の山中に攻めて捕えた。義綱の長子義弘《よしひろ》・二男義俊《よしとし》・四男義仲《よしなか》・五男義範《よしのり》はともにこのとき自殺した。三男義明《よしあき》は、のちに追手と戦って自殺している。しかし主な家々の系図を集録している『尊卑分脈《そんぴぶんみゃく》』によると、義家の弟、新羅《しんら》三郎義光《よしみつ》（甲斐源氏の祖）が甥の義忠が兄の跡をついで栄名をうるのをそねんで、郎等《ろうとう》の鹿島冠者《かしまのかじゃ》に義忠を討たしたのだという。これが事実かどうか確めるすべはないが、さきの義綱が義忠を殺したというのは無実の罪であったらしい。こうした一族の悲劇はこの時だけではない。保元《ほうげん》の乱で父子兄弟が敵味方に分かれた源氏は、乱の治まった保元元年（一一五六）七月三十日、左馬頭《さまのかみ》源義朝が、父為義や弟の頼賢《よりかた》・頼仲《よりなか》・為成《ためなり》・為宗《ためむね》・為仲《ためなか》を、京都の郊外船岡で斬った。また、のちに鎌倉幕府を創めて武家政権を確立した源頼朝《よりとも》が、弟の義経《よしつね》・範頼《のりより》、叔父の行家《ゆきいえ》や従兄弟《いとこ》の木曽義仲《きそのよしなか》を滅ぼしたことはあまりにも有名である。

　こうした源氏にまつわる血腥い話はあまりにも多い。この大倉館に義平が叔父の義賢を襲ったのも、その一つである。そしてこれも、おそらく他の例にみるように、源氏の棟梁の地位をめぐっての一族間の権力争いであったのであろう。義家の死後、陰惨な争いの結果、棟梁の地位を継いだのは孫の為義であったが、その譲りを受けたのは長子義朝である。ところがどういうわけか、この父子は長いこと仲が悪かった。鎌倉時代初期の摂政関白である九条兼実《くじょうかねざね》の弟で延暦寺《えんりゃくじ》の座主《ざす》であった慈円《じえん》が、その著『愚管抄《ぐかんしょう》』に、「年比《としごろ》この父の中よからず、子細ども事長し」と書きとめているほどであるから、不和の程度は相当のものであったのだろう。これに反して二男の義賢は為義と仲がよかったようである。というのは、この事件の二ヵ月後に、義賢の弟頼賢が兄の仇を報ぜんとして信濃へ走ってその機会を狙っている。その準備のためであろう、院の荘園を侵したというので義朝が信濃に下向せんとした（『台記』久寿二年十月十三日）。頼賢は義賢と兄弟でありながらも父子の約をするほど仲がよかったのであり、その頼賢は、翌保元元年（一一五六）の保元の乱に、父為義とともに崇徳《すとくじょうこう》上皇の陣営に加わって、兄義朝と戦っている。こうしたことから考えると、義賢は現在の源氏の棟梁である兄義朝よりは、父為義とよかったのではあるまいか。そして義賢は、上野の豪族秩父次郎重隆の養子となり、上野国だけではなく隣国の武蔵にわたって勢力があった。東国は源氏の地盤である。義朝が京都にあって源氏の棟梁として重視されるのも、東国の武士がその支配下にあるからだ。その地盤において、かねて義朝を快く思っていない為義に近い頼賢と親しい義賢の武名が日々に盛んになっていく。それが身分の低い田舎武者であるのならともかく、ともに源氏の正統を伝える弟であるだけに、遠く離れた京都にある義朝の心中は、おそらく穏やかではなかったであろう。その憂いは、相模（神奈川県）

の鎌倉に義朝の留守をまもっている長子義平が、もっとも切実に感受したのではなかろうか。棟梁の地位をめぐって、血を血で洗う内訌をいくたびかくりかえしてきた源氏である。

わたくしは、義平が、禍は未然に防ぐにしかずと久寿《きゅうじゅ》二年の八月十六日、十六夜《いざよい》の宴にくれる大倉館を急襲して義賢を討ったのは、こうしたことが原因ではなかろうかと思う。

薄幸の孤児

久寿二年、ときに義平は十五歳、武名大いにあがった。鎌倉悪源太という異名もこのため生まれた。しかし一方、哀れをとどめたのは本書の主人公、義賢の遺子木曽義仲《きそのよしなか》である。義仲の幼名は駒王丸《こまおうまる》という。久寿元年（一一五四）義賢の次男として生まれた。父の討れたときは、年歯わずか二歳であった。鎌倉幕府で編纂された『吾妻鏡《あづまかがみ》』は「時に義仲三歳の嬰児たり」としているが（治承四年九月七日条）、『源平盛衰記』や『平家物語』によって、わたくしは二歳説をとる。義賢を討った義平は、郎党《ろうとう》の畠山庄司《はたけやまのしょうじ》重能《しげよし》に、駒王丸を生かしておいてはのちのちのためになるまいから捜し出して必ず殺せと命じた。畠山重能は武蔵国畠山庄の豪族で、平氏出身であるが、早くから源氏の家人《けにん》となっていた。大倉館の戦いには、白旗を差して義平に従った。重能は「たしかに承知しました」とはいったものの、捜し出してみれば、駒王丸はわずか二歳の嬰児である。とても不憫で首を討つ気になれない。たまたま斎藤別当実盛《さいとうべっとうさねもり》が、都での勤務を終えて故郷の武蔵へ帰ってきたのでこれを幸いとばかりに駒王丸の身柄を実盛に預けてしまった。

平安末期の東国のように、中央政府の威令がとどかなくて実力本位の状態になっているところでは、武士の幼児が最大の保護者である父を討たれるということは、幼児にとってはそのまま死を意味する。せめて、母や母方の一族に有力者があれば、この悲境をきりぬけることができないこともないが、駒王丸にはそれも望めなかった。『尊卑分脈』によれば、駒王丸の母は遊女だという。武士の家の出であっても困難な時代に、遊女出身といわれる母やその一族に、幼児の生命を守りとおす力は全く期待できない。また、亡き父に代わって後楯になってくれるものの現われる望みも、ほとんどなかった。

なるほど、当時の東国の主な豪族としては、伊豆《いず》国(静岡県)では伊東《いとう》・北条《ほうじょう》・狩野《かの》・河津《かわづ》、相模国には三浦《みうら》・渋谷《しぶや》・大庭《おおば》・波多野《はたの》・土肥《どひ》・海老名《えびな》、武蔵国(東京都・埼玉県)には秩父・江戸・河越《かわごえ》・畠山・比企《ひき》・児玉《こだま》・猪俣《いのまた》・村山《むらやま》・横山《よこやま》・熊谷《くまがや》、下総《しもうさ》国(千葉県)に葛西《かさい》・千葉《ちば》・下河辺《しもこうべ》、上総《かずさ》国(千葉県)に上総介《かずさのすけ》一族、下野《しもつけ》国(栃木県)に小山《おやま》・宇都宮《うつのみや》・足利《あしかが》、上野国に新田《にった》・渋河《しぶかわ》・里見《さとみ》など多くのものがいた。かれら土豪は、無政府状態の東国で弱肉強食の争いをくりかえしていたのであるが、いわゆる前九年・後三年の役以後は、清和源氏の正嫡を伝える義家以下を、かれらの良い首領、頼るべき棟梁として仰ぎ、その郎党家人となっていった。源義朝が当時の棟梁であったので、いわば東国一帯は義朝の勢力圏であった。したがって、やがてその後を継ぐべき義平の「駒王丸を殺すべし」との命令は、源氏の家人である限り東国の土豪たちは守る義務がある。かれら土豪のうちの誰かが、駒王丸の運命を哀れと思って一時はかくまったにしても、いずれそのことは世に洩れるであろう。洩れれば義平が黙認するはずがない。すなわち、関東の武士にとっては、駒王丸を助けることはその父義賢と同じ運命に陥ることを覚悟しなければならないことであった。

家の浮沈をかけてまで、二歳の幼児を守ろうという土豪が、関東には一人も現われなかったのは当然である。

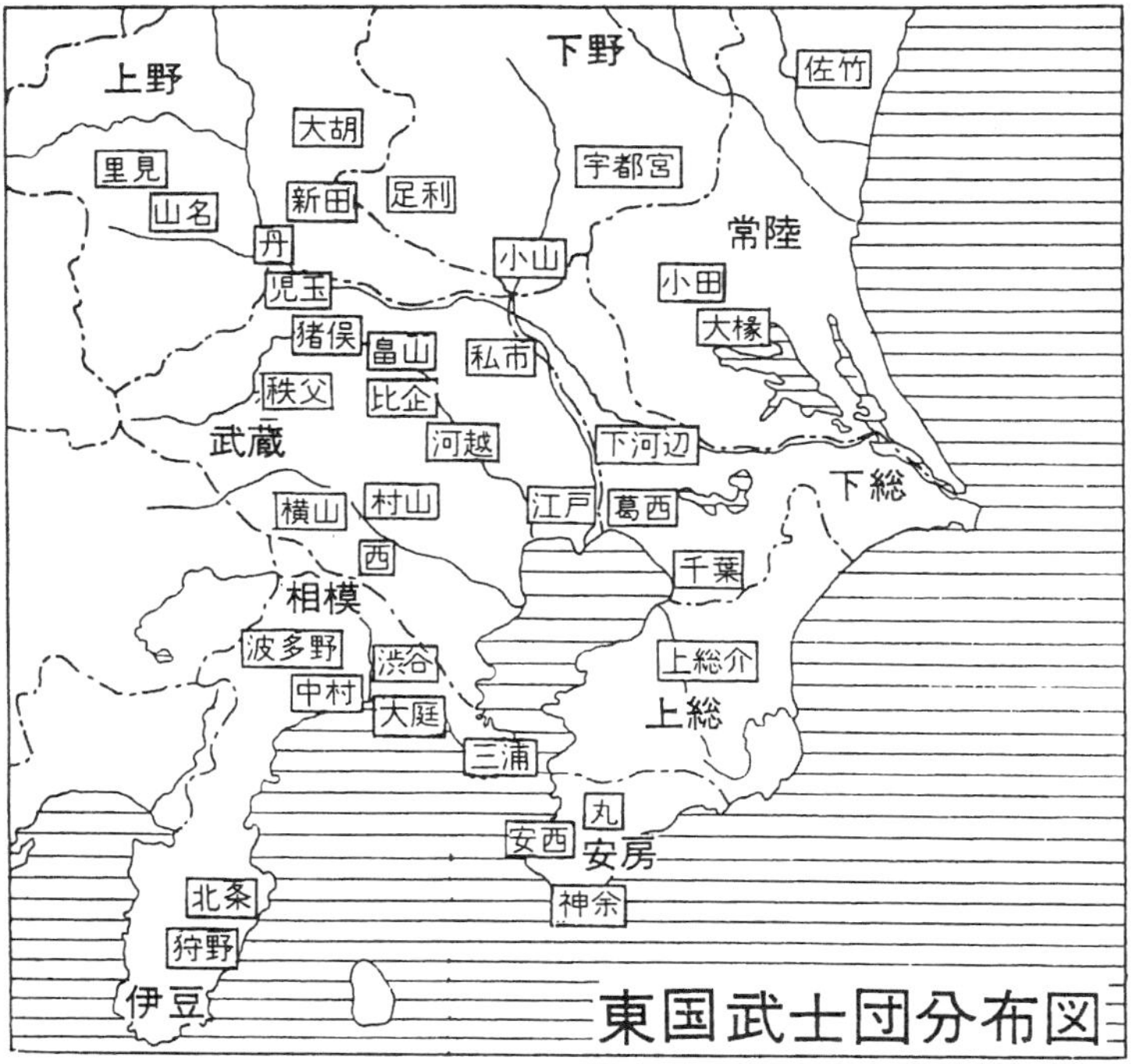

東国武士団分布図

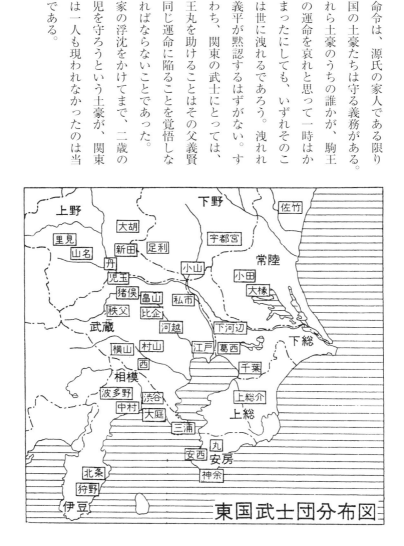

木曽へ隠れる

重能から駒王丸を託された斎藤実盛も、はたと弱った。実盛も源氏の家人であった。東国の状態はよく知っている。育てて大きくしてから討たれるのも残念であるし、討たせないでおく自信もない。よくよく思案をめぐらしたあげく、駒王丸の乳母の夫の縁をたどって、信濃《しなの》国(長野県)の木曽の土豪、中三権守兼遠《ちゆうさんごんのかみかねとお》を頼ろうとした。

実盛に送られて、駒王丸を懐《ふところ》に抱きながらはるばると木曽へ落ちていった母は、中原《なかはら》兼遠に涙ながら幼児の保護を哀願した。実盛と母の頼みを聞いた兼遠は、次のようにいったと『源平盛衰記』は伝えている。

「この子供は、まさしく源氏の正統、八幡太郎義家殿の四代の後胤にあたる。世間のことというものは、昨日の淵が今日は瀬となるという譬《たとえ》のとおり変わりやすいものである。いまは親を討たれて心細い孤児の境遇であるけれども、いつの世か、日本全国の武士の総大将になられるか、わかったものではない。兼遠は、なんとでもして養育し、北陸道の大将軍になし、もって天下の檜舞台《ひのきぶたい》へ晴ればれしく乗り出させましょう」

もちろん兼遠は、ここで見捨ててしまえば、母子ともども死の運命に直面する駒王丸たちを哀れとは思ったであろう。また、武士と見込んで、はるばる東国から訪ねてきた実盛の期待に応えようとするさむらい心もあったにはちがいなかろう。しかし、『源平盛衰記』に伝えるような兼遠の言葉になったのは、決して、それだけの単純な理由からだけではなかった。兼遠の本心と狙いは、もっと深いところにあったのである。

関東と信州

平安時代も中期をすぎると、公家は京都ばかりにいて、地方の政治をかえりみない傾向がだんだんひどくなっていった。そして、本所《ほんじょ》とか領家《りょうけ》といった荘園領主の権威を笠にきて、年貢ばかり取り立てていって、他からの侵略から地方民の生活を護るということには全く力を尽そうとはしなくなった。だから地方の農民のあいだから武士が生まれて、自分の土地と生活を自分の力で守ろうとする。従来からの地方官や本所・領家の家司《けいし》などはあてにしなくて、自分の力で自分の所領を護るのに汲々としていた。そして折あらば、その勢力を少しでも伸ばそうと、虎視眈々《こしたんたん》としていた。しかし、こういった弱肉強食の無政府状態がいつまでもつづいていては、とも倒れになってしまって元も子も無くなってしまう。だが、土地生え抜きの武士たちは、その実力からいっても、また権威からいっても、程度の差こそあれ、いずれもドングリの背くらべにすぎない。良い領主、頼るべき棟梁《とうりょう》はこれらの中からは出てこない。古い権威である京都の公家との繋《つな》がりと新しい農村武士の首領という両方を兼ねたものが必要であった。かれらとは違った身分の高い統率者、いわゆる武家の棟梁としてかれらが仰ぐに足るだけの資格を、生まれながらにしてもっているものが必要であった。東国にはすでにそれがあった。八幡太郎義家の系譜をひく源氏がそれである。だから東国一帯の武士はその下に結びついて、源氏の家人となり郎党となっていった。

信濃にも武士はいた。北陸にもたくさんの武士は生まれた。しかし、その武士たちは、まだ東国のように義家系統の源氏に結びついていたわけではなかった。大倉館の事件のあった翌年に保元の乱が起こっているが、そのときに源氏の総帥義朝の動員できた武士は『保元物語』によると次のようである。近江・美濃《みの》・尾張《おわり》・三河《みかわ》・遠江《とうとうみ》・駿河《するが》の五ヵ国は佐々木秀義《ささきひでよし》・八嶋重実《やしましげざね》・平野大夫・吉野太郎・熱田大宮司《あつただいぐうじ》・設楽兵藤《しだらのひょうどう》武者、中条某・横地・勝俣《かつまた》・井八郎・入江右馬允《うまのじょう》・藁科《わらしな》十郎・奥津十郎・蒲原《かんばら》五郎であり、いわゆる東国では、

伊豆国　狩野親光《かののちかみつ》・狩野親成《ちかなり》

相模国　大庭景義《かげよし》・大庭景親《かげちか》・山内須藤俊通《やまのうちすどうのとしみち》・同俊綱《としつな》・海老名季定《えびなのすえさだ》・波多野延景《のぶかげ》・荻野忠義《おぎののただよし》

安房《あわ》国　安西《あんざい》・金鞠《かなまり》・沼平太《ぬまのへいた》・丸太郎《まるのたろう》

武蔵国　豊島《としま》四郎・中条新五・同新六・成田《なりた》太郎・箒田《はずた》次郎・河内《かわち》太郎・別府《べっぷ》二郎・奈良三郎・玉井四郎・斎藤実盛・同実員《さねかず》・丹治成清《たんじのなりきよ》・榛沢《はんざわ》成清・児玉弘高《ひろたか》・同弘長・秩父武者・粟飯原《あいはら》太郎・

猪俣党岡部忠澄《いのまたとうおかべただすみ》・金平範綱《こんぺいののりつな》・河句《かく》三郎・手薄加《てばか》七郎・村山党金子家忠《いえただ》・山口家俊《いえとし》・仙波家信《せんばのいえのぶ》・
日次悪次《ひつぎのあくじ》・平山・河越《かわごえ》・諸岡《もろおか》
上総国　千葉介広常《ちばのすけひろつね》
下総国　千葉常胤《つねたね》
上野国　瀬下《せしも》太郎・物射《ものい》五郎・岡下半介《おかもとのはんすけ》・那波《なは》太郎
下野国《しもつけ》　八田《はつた》四郎・足利《あしかが》太郎
常陸国《ひたち》　中郡《なかごうり》三郎・関俊平《せきのとしひら》

と、さすがに本拠地であるだけに多数であったが、甲斐《かい》では塩見《しおみ》一族だけであり、あの広大な信濃国では海野《うんの》・望月《もちづき》・諏訪《すわ》・蒔田《まきた》・桑原・舞田《まいた》・近藤武者・安藤二《あんどうじ》・安藤三・木曽仲太《ちゅうた》・弥中太《やちゅうた》・根井《ねのい》大弥太《おうやた》・根津神平《ねづのしんぺい》・熊坂《くまさか》四郎・志津間《しづま》小二郎・方切小八郎大夫《かたぎりのこはちろうたいふ》の小武士団が、動員できるすべてであった。東国とくらべて、信濃の武士はまだ義朝の麾下《きか》に属しきっておらない状態が、このことからも推定できる。

このことが、さきに斎藤実盛の依頼を承知して、中原兼遠が駒王丸の養育を決意した理由の一つでもある。つまり信濃は、東国のように義朝一家の息のかかった武士たちばかりでいるのではなかった。むしろ、そういった武士は数も勢力も少なかった。したがって、義平の意に反して駒王丸をかくまっていることが、たとえ洩れたにしても、関東武士のように家の浮沈をかけねばならないほど深刻な問題ではなかった。その意味において、駒王丸母子が斎藤実盛にめぐりあったことは幸運であり、そして実盛が、この義賢遺孤の母子を遠く信濃の木曽へ落着かせたことは、賢明であったといわねばならない。

ところが、信濃がまだ義朝の勢力圏でないということは、この地方の武士は、かつての東国がそうであったように、それぞれ一家一族を中心に小さな武士団を形づくって、おたがいに所領を護るのに汲々としていることを示す。依然として弱肉強食の無政府状態で、かれらを大きく統率して、その所領を他からの侵略から確実に保護してくれる実力者はまだいないわけである。しかし、かれらの棟梁として旗印《はたじるし》になりうるものは、同じ環境から生まれた多くの農村武士の中からは出てこない。どうしても、義朝や清盛のように、高貴な出身と輝かしい武勲をもつ源氏や平氏の直系を伝えるという資格を持ったものでなければならない。残念ながら、信濃にも北陸にも、そうしたものはいなかった。

中原兼遠にとって駒王丸は、父を討たれた単なる哀れな二歳の孤児ではなかった。武士の社会では、もっとも由緒正しいとされている源氏の八幡太郎義家の直系をひいているものである。悪源太義平、ひいては義朝の目をかすめて駒王丸を養育することは、やや冒険に近いことであるかもしれない。しかし幸いにして成人の日まで無事に育てあげることができれば、信濃はおろか、天下の武家を統率する棟梁の養父の栄誉と権勢を握りうるかもしれない。危険なことではあるが、一方からいえば、願ってもない幸運の訪れでもあった。これより二十余年の後であるが、駒王丸の義仲が平家討伐の志を兼

遠に打ち明けると、

兼遠ホクソ咲《えみ》テ、殿ヲ今マテ育《はぐく》ヒ奉ル本意、偏《ひとえ》ニ其事ニアリ。

憚《はばかり》候《そうろう》事ナカレ。（『源平盛衰記』二六）

といったと伝えられているが、兼遠の本心をよく表わしているものと思う。

木曽次郎義仲

駒王丸は、兼遠の庇護のもとに、すくすくと育っていった。大きくなるにしたがって、力も人なみはずれて強く、心も勇猛果敢に武将としての素質をあらわしてきた。強弓もやすやすとひくようになり、太刀をとっては、馬上で戦っても徒歩で戦っても、その武者ぶりは、かつての征夷大将軍《せいいだいしょうぐん》の坂上田村麻呂《さかのうえのたむらまろ》や余五《よご》将軍として陸奥《むつ》で勇名をはせた平維茂《これもち》、はては祖先の頼光《らいこう》や八幡太郎義家に勝るとも劣るまいと評判をとるほどの優れた技倆を修得していった。

平治の乱以後（平治元年・一一五九）は、平家がこの世の春をうたう有様となって、武士の社会からは、源氏は全く姿を消してしまった。いままで源氏の家人であった武士たちも、大部分は平家に仕えるようになった。中原兼遠も、平家の命令のもとにときどき京都へ出て番役《ばんやく》をつとめた。駒王丸をひそかにつれて上番し、世にときめく平家の公達《きんだち》たちの振舞をそれとなく見せたことがあるようであ

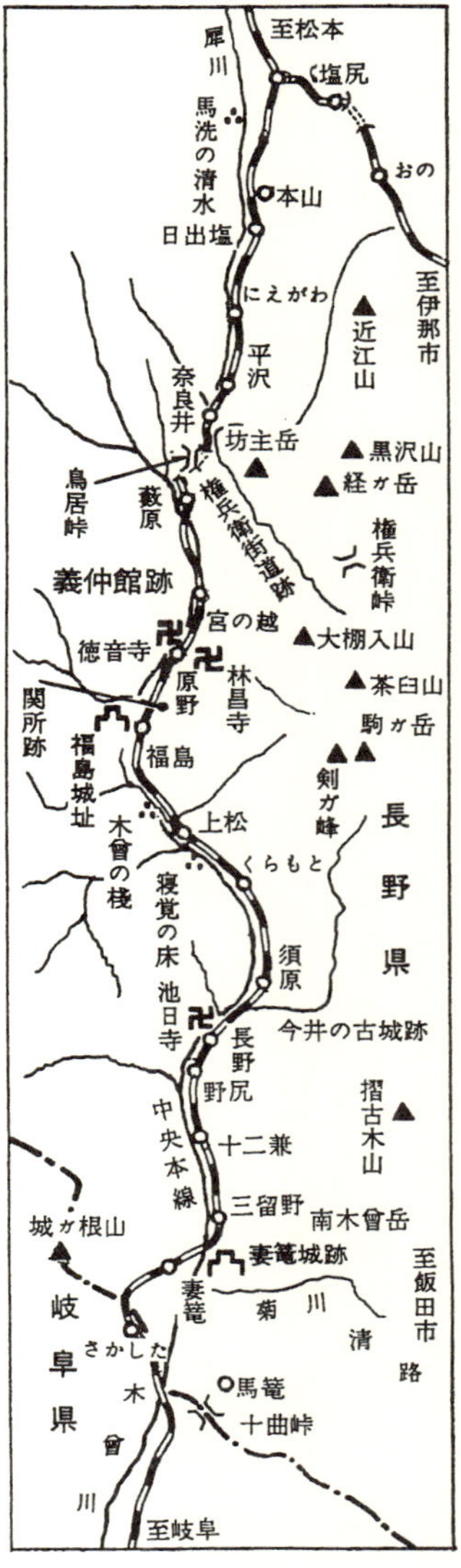

る。確かな年代はわからないが、そうした折りに駒王丸は、都の南郊にある石清水八幡宮で元服した。『平家物語』は、仁安元年（一一六六）十三歳のときとしている。

すぐる永承元年（一〇四六）、義家の祖父頼信が、一家の栄耀富貴と武運長久を祈った願文《がんもん》を捧げたのこそ、この石清水八幡宮であった。以来、源氏は八幡神を氏神と仰ぎ、これを最高の武神として尊崇するようになった。駒王丸がその神前にすすんで、

わが四代の祖父義家朝臣《あそん》は、此御神の御子となつて、名をば八幡太郎と号しき。かつは其跡を追ふべし。

と、義家が石清水八幡宮の祭神応神《おうじん》天皇を八幡大菩薩《はちまんだいぼさつ》と称しているのに因んで、八幡太郎と号した例

にならおうとしたのは当然であろう。

かくて、八幡の宝前で髻《もとどり》をとりあげて元服した駒王丸は、木曽次郎義仲《きそのじろうよしなか》と称したのである。次郎とは、いうまでもなく義賢の次男であることによる。木曽冠者《かじゃ》といわれるようになったのも、これから以後である。

源　仲家

ここで義仲の兄、源仲家《なかいえ》のことに触れておきたい。

父義賢の討たれたときに、悲運に陥ったのは義仲一人ではなかった。義仲の兄仲家も同じ運命に際会した。母は周防《すおう》守藤原宗季《むねすえ》の娘であったが（『尊卑分脈』）、武士の社会の東国では、下級貴族の母方の力など、無いも同様である。その点で、遊女を母とした義仲と大した相違はなかったであろう。ただ、どういういきさつでそうなったのかわからないが、広い東国だが寄方《よるべ》のないこの仲家をひきとったのが源三位頼政《げんざんみよりまさ》であった。頼政は同じ源氏の一族であるが、義朝一家とはちがって摂津《せっつ》国（兵庫県）多田《ただ》に土着した源頼光（義家・義朝などの祖の頼信の兄）の系統である。世に多田源氏といわれ、居所が京都の近くでもあるので、武士の家にしては公家とのつながりが比較的多い宮廷武士の家であった。こういったことから、仲家の母が藤原氏の下級貴族の出であることなどが原因になって、頼政が保護の手をさしのべるようになったのかもしれない。

仲家は頼政の慈愛のもとに成人し、平家全盛のときも、養父のおかげで八条院蔵人《くろうど》になった。しかし六条蔵人仲家と称されるのは、父義賢の母、つまり仲家の祖母が、六条大夫重俊《しげとし》の娘であったことに因《ちな》むのかもしれない。仲光《なかみつ》・仲賢《なかかた》の二人の子供までもうけ、長子の仲光は九条院判官代《ほうがんだい》となり、蔵人太郎仲光と呼ばれた。

ところが、後白河院《ごしらかわいん》の第二皇子以仁《もちひと》王にすすめて、平氏追討の令旨《りょうじ》（皇子の出す文書）を全国の源氏にとばし、みずからは、最初の平氏討伐の軍を京洛の地にあげたのが、他ならぬこの養父の源三位頼政であった。治承《じしょう》四年（一一八〇）五月十六日、事前に謀《はかりごと》の洩れたため、以仁王は近江の園城《おんじょう》寺《じ》（三井寺）にのがれた。頼政はその二十一日の夜半、王のこもる園城寺に走ったが、仲家は仲光とともに、その陣営に加わった。しかし形勢が非となったため、二十五日の夜陰に乗じて園城寺を脱出し奈良にむかった以仁王を奉ずる頼政軍と平軍との間に、京の南郊宇治で戦端が開かれた。頼政は宇治川をはさんでよく戦ったが、多勢には敵することができず、ついに平等院の釣殿《つりどの》で自害した。仲家は、その子仲光とともにここで大いに戦い、よく平軍を悩ましたが、養父のあとを追ってともども討死している。これが治承四年五月二十六日のことであるから、義仲が木曽谷に兵を挙げるのに先立つこと三ヵ月あまり前である。

義仲は、兄と別れたのが二歳のときであるから、その顔を覚えているはずはない。しかも成人して入京したときには、すでに仲家はこの世にはなかった。仲家・義仲の兄弟は、おそらくこの二十数年間に顔を合わせたことはないであろう。もっとも近い肉親の父や兄弟の顔も知らずに世を去らなければならなかったとは、思えば薄幸な義仲であり、仲家であった。

木曽谷の旗挙げ

義仲と中原一族

義仲が成人して、治承四年（一一八〇）二十七歳の時に、平家討伐の旗を木曽谷《きそだに》にひるがえすまでの間のことは、残念ながら、あまり詳細なことはわかっていない。ただ、兼遠が、この二十余年の間、心魂を傾けて義仲の養育にあたり、常に武将としての素養を身につけさせることと、花々しく世に乗り出させる機会を狙っていたことはたしかである。そして、自分の息子や娘を、すべて義仲に献身させて悔いなかった。

兼遠の息子の樋口《ひぐちの》次郎兼光《じろうかねみつ》（木曽四天王の一人）と今井四郎兼平《いまいのしろうかねひら》（木曽四天王の一人）は、父に劣らない武勇の士であった。この両人は若いときから義仲を主君として仕えている。すでに幼にして肉親との縁の薄い境遇に置かれた義仲は、この兼光・兼平を、まことの兄弟同様に親しんだ。義仲は、おそらく、骨肉相食《あいは》む闘争の世界にまだ乳呑児《ちのみご》のときから抛《ほう》りこまれたという生い立ちからであろう、長ずるにしたがって肉親を呪うとか、あるいは逆に無性に人の愛に飢えてこれを求めるとかといった矛盾した行動に出ることが多かった。しかしこうした淋しい義仲の気持が、この兼光・兼平兄弟によって、どれだけ癒《いや》されたかわからない。

また兼遠の娘の一人は義仲にとついで、長子志水《しみずの》冠者《かじゃ》義高《よしたか》と次子義基《よしもと》を生んでいる。のちに、巴《ともえ》御前《ごぜん》として勇名をはせたのも兼遠の娘で、義仲の妾であるが、この巴御前が義高や義基の母であったかどうかは確かでない。おそらく別人であろうと思う。

『尊卑分脈』は、義基を志水冠者とし、義高・義基同人説をとっている。しかしのちにも触れるように、義高は父義仲の戦死の後、頼朝のために害されており、義基はのちの木曽家を興す祖であって、明らかに別人であるから、『尊卑分脈』にしたがうわけにはいかない。なおまた『尊卑分脈』は、義基の母を今井四郎兼平の娘、すなわち兼遠の孫娘としている。これも誤りであろう。兼平は、今井四郎と呼ばれていることでもわかるように、おそらく兼遠の四男であろう。そして義仲との交情やその最後の戦場となった近江国《おうみ》（滋賀県）の粟津《あわづ》での奮戦ぶりや自刃の様子から推定すると、おそらく義仲と同年輩ぐらいであったのではなかろうか。年長であったにしても、そう年が隔たっていたとは思えない。とすれば、木曽時代の義仲に、めあ

中原氏系図

（中原氏）中三権頭兼遠
- 樋口次郎兼光（木曽四天王）
- 今井四郎兼平（木曽四天王）
- 巴御前（木曽義仲の妾）
- 女（義仲の長子義高・次子義基の母）

わせ得るほどの娘をすでにもっていたとは、どうしても考えにくい。わたくしは『尊卑分脈』に「母今井四郎兼平女」とあるのは、「妹」の誤りではないかと思っている。

ところで『源平盛衰記』に、兼遠について次のようなことが記されている。すなわち、治承四年、以仁王の令旨を受けた義仲は、平家に謀叛《むほん》する兵をおこした。木曽は信濃の南端で、関東よりも京都に近い。平家一門の危機感は頼朝挙兵の報を聞いたときよりも強かった。平家は大いに驚いて中原兼遠を召喚して詰問した。そして、すみやかに義仲を捕えて差し出すべし、もし命に背くならば汝の首を撥《は》ねるであろうと厳命した。兼遠は、義仲謀叛とは虚報だろうと弁解したが、厳命に抗することができず、信濃に帰って子息たちにいいつけて、義仲を搦《から》めとらしめようと答える。平家は兼遠に、京都での勤務をやめて帰国しようと思うならば、必ず命令にしたがう旨を起請文《きしょうもん》に書いてさしだせと迫った。そこでやむなく兼遠は、熊野権現《くまのごんげん》の牛王宝印《ごおうほういん》を捺した紙の裏に、義仲を捕えるとの起請を書いて、ようやく本国の木曽に帰ることができた。しかし兼遠は、日頃から義仲を世に出そうと思っていたので、その本望はとげたい、だが神に誓った起請を破ることもできない、そこで両方を満足させる方法として、自分が義仲の参謀になることをやめ、かねて信頼していた同郷の豪族の根井行親《ねのいのゆきちか》を呼び、苦衷《くちゅう》を打ち明けて義仲のことを頼み表面から身を引いてしまったというのである。これはいかにもありそうな話であるが、わたくしは、治承四年以後の義仲の行動をみると、いままでの関係から考えれば、当然中心にならなければならないはずの兼遠のことが一向に出てこないという矛盾を説明するために、作為されたことではないかと思う。兼遠の書いたという起請文の日付は治承五年（一一八一）の正月であるから、治承四年に、兼遠が上番して都に出ていたのであるならば、以仁王の事件が起こった五月から翌年の正月までの九ヵ月間、おめおめと京都にとどまっていることになるので、少しおかしい。しかもその間に、平家の大軍が頼朝に敗れた富士川の合戦が起こっているのだから、なおさらである。また木曽に在国していたのならば、義仲の挙兵が二十年来の兼遠の夢であったのだから、平家の召喚を受けたからといって、いいなりに上洛するとは考えられない。『長門本平家物語』がこれと似た話をのせているだけで、『平家物語』にも、他の『源平盛衰記』の異本や『玉葉』『吉記』をはじめ日記類にも全くその痕跡がないから、おそらく創作として間違いあるまい。

ただ創作にしても、中原兼遠が、いかに義仲挙兵の日の実現を待ちわびていたかという心情は、よく表わしているといえよう。この親代わりとなって義仲を育てた中原兼遠の墓は、木曽谷の面影を残す中央線の原野駅の近く、林昌寺にある。

旗挙げ

治承四年（一一八〇）四月九日、後白河法皇の第二皇子以仁王は、源三位頼政のすすめによって、平家討つべしとの令旨をひそかに諸国の源氏に下す決心をした。王の旨を奉じて隠密のうちに令旨を懐《ふところ》にし、熊野修行の山伏《やまぶし》の姿に変装して平家の眼をくらまし、都を脱出したのは源義盛《よしもり》であった。義盛は平治の乱後の平氏全盛時代を熊野新宮《くまのしんぐう》にひそんでいたので、世に新宮十郎と称された。この使命を帯びた東国下りを機として、王より八条《はちじょう》院蔵人《いんのくろうど》に任ぜられ、名を行家《ゆきいえ》と改めた。最後の源氏の棟梁で平治の乱に敗死した義朝の弟であるから、頼朝や義仲にとってはただ一人生き残った肉親の叔父であった。

行家は四月十日の夜陰にまぎれて京を発った。『平家物語』は四月二十八日に京を出て五月十日に伊豆に着いたとしているが、九日に決まった令旨を二十日近く時を空費したというのはおかしい。ここでは『吾妻鏡』や『源平盛衰記』によって四月十日説をとった。近江・美濃《みの》（岐阜県）・尾張《おわり》（愛知県）などに散在していた源氏にしらせ、伊豆の蛭島《ひるがしま》の配所に世をかこつ右兵衛佐《うひょうえのすけ》頼朝のもとへ到着したのは、四月二十七日のことであった。頼朝に王の令旨を伝えた行家は、さらにこれを甲斐《かい》（山梨県）や信濃の山中で世を忍んでいる源氏の同族

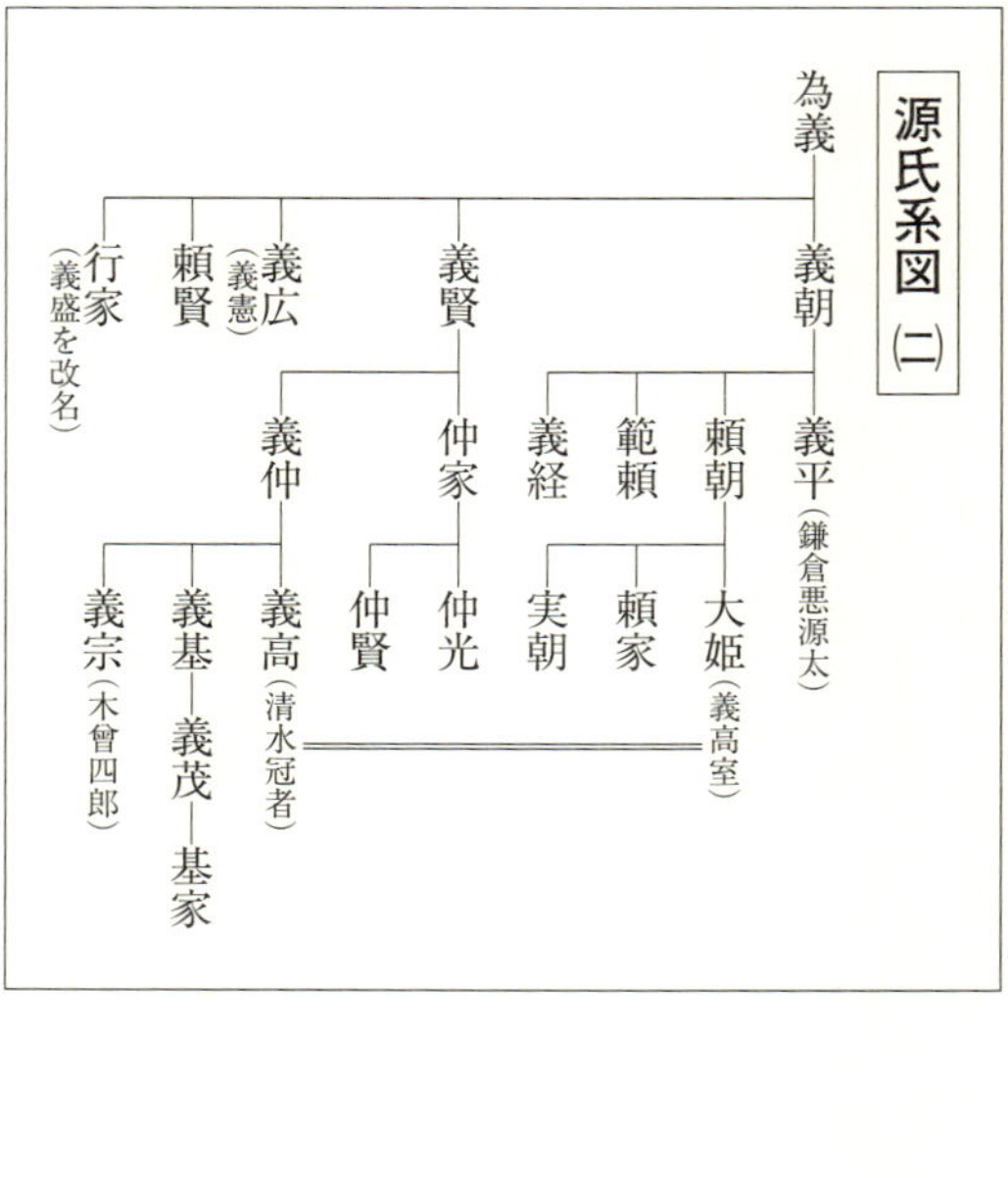

に伝えるため、直ちに伊豆を発っている。したがって、義仲の館《やかた》へ令旨のもたらされたのは、おそくとも五月上旬のうちであろう。

以仁王の令旨は次のような内容であった。

東山《とうせん》・東海・北陸三道諸国の軍兵等の所に下す。

早く清盛《きよもり》法師ならびに従類の叛逆の輩《やから》を追討すべき事

右、前伊豆守《さきのいずのかみ》正五位下《しょうごいのげ》行《ぎょう》源朝臣仲綱《なかつな》（頼政の子）宣《せん》す。最勝《さいしょう》親王（以仁王）の勅をうけたまはるにいはく、清盛法師ならびに宗盛など、威勢をもつて帝王を蔑《ないがしろ》にし、凶徒を起して国家を亡ぼし、百官万民を悩乱し、五畿七道を掠領し（かすめとる）、皇院（後白河法皇）を閉籠《へいろう》し、臣公を流罪し、命を断ち身を流し、淵に沈め楼に入れ、財を盗み国を領し、官を奪ひ職を授け、功なきに恣《ほしいまま》に賞を許し、罪にあらざるにみだりに過に配す。これにより巫女は宮室にとどまらず、忠臣は仙洞《せんとう》（法皇の御所）に仕へず、あるいは諸寺の高僧を召しいましめ、修学の僧侶を禁獄す。あるいは叡岳《えいがく》（延暦寺）の絹米を賜ひ下して、謀叛の粮食に相いそなふ。百王の跡を断じ、一人（天皇）の頂《いただき》（頭）をおさへ、帝皇に違逆し、仏法を破滅す。その振舞をみるに、まことに古代に絶するものなり。時に天地悉く悲み、臣民みな愁《うれ》ふ。仍《よ》つて一院（後白河法皇）の第二皇子として、天武皇帝の旧儀を尋ね、王位推取の輩《やから》を追討し、上宮太子（聖徳太子）の古跡を訪ね、仏法破滅の類を打ち亡ぼさんとするなり。ただ人力の構をたのむにあらず、ひとへに天照の理《ことわり》を仰ぐところなり。これによりて、もし三宝仏神の威あらば、なんぞ四岳合力《ごうりき》の忠なからんや。しかれば則ち源家の家人、藤氏の氏人、かねて三道（東山・東海・北陸道）諸国の内、勇士に堪《た》うるものは同じく与力《よりき》せしめ、清盛法師ならびに従類を追討すべし。もし同心せざるものにおいては、配流追禁の罪過に行ふべし。もし勝功あるものにおいては、先づ諸国の使に預らしめ、かねて御即位の後、必ず乞に随つて勧賞を賜ふべきなり。諸国よろしく承知し、宣によりてこれを行へ。

治承四年四月九日

伊豆守正五位下源朝臣

（『源平盛衰記』）

『吾妻鏡』にのせるのも、ほぼ同文である。これは原文のままでないにしても、以仁王の意志をよくあらわしたものである。以仁王にとってこの令旨は、弟の高倉《たかくら》天皇の系統に皇位が継承されているのに強い不満をもち（高倉天皇の皇子が外祖父平清盛の力で即位して安徳《あんとく》天皇になったのが、この二月二十一日である）、みずから壬申《じんしん》の乱のときの天武天皇の挙兵になぞらえようとするところに意味がある。しかし令旨をうけた義仲や頼朝にとっては、かれらの平家討伐のための挙兵が、単なる私闘でなく皇子の命令によって行なう大義名分の戦いであることになるのが、肝心《かんじん》のことであった。令旨をスローガンにすれば賊軍ではなくなる。また各地の武士を集めて味方せしめるのに、もっともよい権威づけにもなり、保証にもなるものであった。

令旨をうけた義仲は、多年の宿望をいよいよ実行に移す好機到来と、躍りあがって喜んだ。中原兼遠は、義仲以上にこのことを喜んだのではあるまいか。二十余年にわたって、最初は義平や義朝の眼を、つづいて平家の眼をかすめる苦労をして義仲を養育したのも、ひとえに木曽義仲の旗印のもとに、信濃の山中から中原《ちゆうげん》に押し出す日のことを夢みていたからである。

八月には、伊豆で挙兵した頼朝が石橋山で戦ったとの噂が、木曽にも聞えてきた。令旨をうけた五月以来、兼遠を中心に着々と準備にのりだしていた義仲は、その建議にしたがって直ちに廻状《かいじよう》を信濃の武士にまわし、決然として平家討伐の旗幟《きし》を木曽谷にひるがえしたのである。ときに治承四年九月、義仲二十七歳の秋であった。

樋口次郎兼光と今井四郎兼平の兄弟が、最初から義仲の右腕になったのはもちろんであろう。まだ変革期の常として、風雲をのぞんで集まる武士も信濃にはかなりいた。北佐久《きたさく》郡の豪族根井太郎行親《ゆきちか》（木曽四天王の一人）、小県郡の豪族海野《うんの》弥四郎幸広《やしろうゆきひろ》（根井小弥太と称したという説もあるが、小弥太は北佐久郡の豪族の一族と思われるから、別人としたい）、さらに、かつて京にあって上西門院（鳥羽天皇皇女で後白河天皇の准母であった統子内親王）、ならびに八条院（鳥羽天皇皇女で二条天

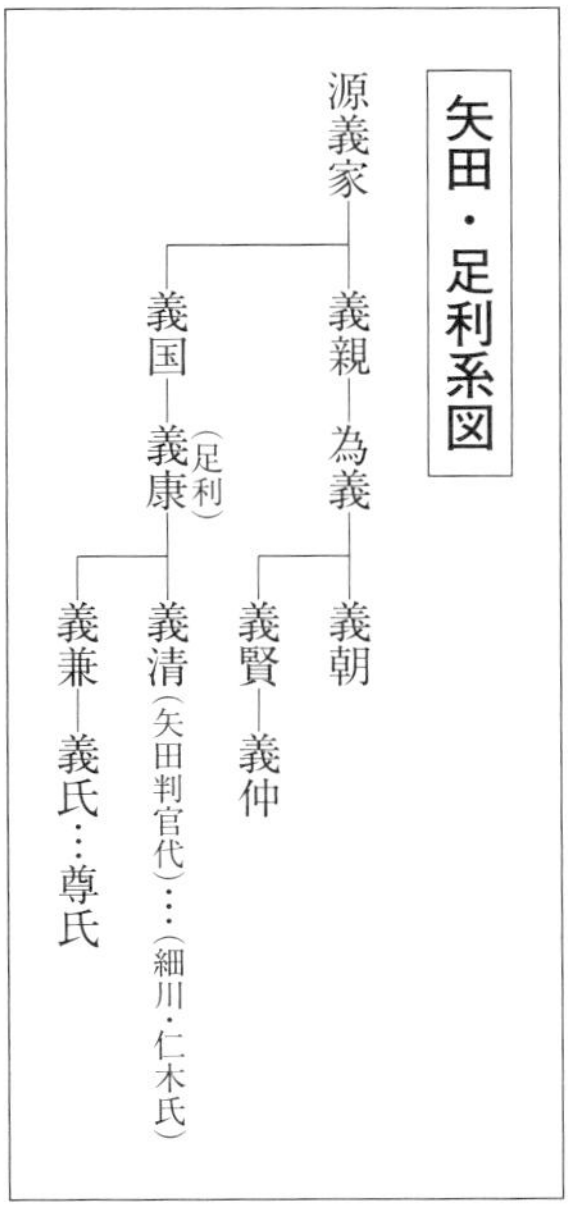

矢田・足利系図

皇准母であった暲子内親王）の判官代《ほうがんだい》に任ぜられた矢田《やた》判官代義清《よしきよ》などが、主だったものである。なおこの義清は下野《しもつけ》国足利の豪族義康《よしやす》（八幡太郎義家の甥）の長子で信濃に本拠をおいていた。弟義兼《よしかね》の系統から、足利尊氏が出る。

このように、義仲の呼びかけに応じて麾下に加わる信濃武士は日を追って増え、軍勢は、たちまちのうちに千余騎に及んだと伝えられている。

義仲の旗挙げをした地は、中央線宮越駅から木曽川を少し溯《さかのぼ》ったところにある森のあたりだといわれている。そこに鎮《しず》まる社を俗に〝旗挙《はたあ》げ八幡〟と呼んでいるが、もちろん義仲の挙兵に因んだものであろう。

市原の戦

最初の戦《いくさ》は九月七日に起こった。

南信濃の木曽谷の近くに、笠原平五頼直《かさはらへいごよりなお》という土豪がいた。平家方の信濃武士の一人である。この治承四年も早くから都に上って、六波羅《ろくはら》（平家の政庁の所在地）に出仕していた。頼政が以仁王を奉じて兵を挙げたときも、いち早く平知盛《とももり》の手に属して宇治橋に押しよせ、同郷の吉田安藤馬允《うまのじょう》や常葉江三郎などとともに戦って手柄をたてている。そののち暇をえて郷里に帰っていた。兵馬を休める意味もあろうが、東国の頼朝の動静を監視させようという平家の意図もあったのであろう。おそらく当時の平家においては、信濃に木曽義仲という有力な源氏の大将が育ちつつあるなどとは、夢にも思っていなかったにちがいない。

笠原頼直は、故郷の南信濃へ帰ってみると、隣郷の木曽谷に風雲ただならざる気配の充満しているのを感知した。このまま捨てておいては一大事になるかもしれない。小さい芽のうちに摘むにしたことはないと、軍勢を集めて義仲を襲おうとした。しかし貴族化していた平家の家人になるのを快しとしていない武士で、このたびの義仲の廻状に応じるものも、そのころにはかなりではじめていた。村山七郎義直もその一人である。義直はいち早く義仲の陣営に通じただけでなく、のちのことであるが、建久元年（一一九〇）十一月の頼朝の最初の上洛、同六年三月の東大寺再建供養会に参列するため再度京都に赴いた頼朝の随兵として供をしている。だから、おそらくかねてから源氏に心を寄せていた武士で、平家全盛時代にはじっと雌伏し、頼直や吉田馬允のように平家に媚態を呈して威を張っている武士たちを、ひそかに苦々しくもまたねたましくも思っていたのであろう。

いち早く頼直の動きを探知した村山義直は、同志の栗田寺別当《くりたじのべっとう》であった大法師範覚《はんかく》などを語《かた》って、大将義仲挙兵の血祭りにまず笠原頼直をあげるべしと、これを市原《いちはら》にむかえ討った。九月七日のことである。戦いの勝負はいずれともつかぬうちに夜に入ったが、さすが頼直は宇治橋で戦功をあげた勇士である。村山方は次第に危くなってきた。そこで義直は、急いで飛脚《ひきゃく》をとばして義仲に援軍を求めた。危急を聞いた義仲は直ぐに来援、この新手《あらて》の義仲軍の縦横無尽の活躍により、緒戦の市原の戦を大勝利で結ぶことができた。義仲は幸先《さいさき》のよいスタートをきることができたのである。

戦いに破れた頼直は本拠の南信濃を保つことの不可能なのを知り、筑摩川《ちくま》ぞいに北に逃れて越後国《えちご》（新潟県）に入り、平家方の大豪族　城《じょうの》太郎助永《たろうすけなが》のもとへ落ちていった。助永は、助長または資永とも書かれるが、いずれも同一人物である。なお『吾妻鏡』は「城四郎長茂《ながもち》に加はらんが為めに越後国に赴く」としている。長茂は助永の弟で、もとの名を助茂《すけもち》といった。しかし、のちに述べるように、長茂が城氏の当主になるのは養和《ようわ》元年（一一八一）以後であって、当時はまだ兄の助永が在世中で越後の平軍の総大将である。おそらく『吾妻鏡』の誤記であろう。

上野進出

有力な信濃の平家方の笠原頼直を破って、義仲の前途は急に開けてきた。信濃の武士は続々と義仲の麾下に入ってきたと思われる。そして、ある程度の目算がたったのであろう。あくる十月十三日、義仲は信濃から東の方、上野国《こうづけ》（群馬県）へ進出した。

なんといっても坂東《ばんどう》は、父祖以来の源氏の地盤であったところだ。いまは一様に平氏の命に服しているようであるが、源氏の旧主につながる思いの濃い武士が非常に多い。ここを手に入れるのが重要であることは、義仲の武略の眼に映じぬはずはない。しかも、上野国多胡《たこ》郡は、瞼《まぶた》の父義賢のかつての本拠地であったところだ。義仲の東国への進出が、まず碓井《うすい》峠を越えて上野からはじめられたのは当然であろう。それにしても、赤城颪《あかぎおろし》の空《から》っ風をきって兵馬を進めた義仲の胸中は、おそらく亡き父を偲《しの》んで無量の感慨に満たされたにちがいあるまい。そしてこの地は、旧主の遺孤《いこ》の帰還に好意的であったようだ。かなりの国人《こくじん》（土着の豪族）が義仲軍に加わったと考えられる。

『吾妻鏡』は鎌倉幕府の記録であるだけに、義仲についての記述のしかたは比較的冷淡であるが、それでもこの時の義仲の上野進出については、

木曽冠者義仲、亡父義賢主《ぬし》の芳躅《ほうちょく》（先人の行なったよい事業）を尋ね、信濃国を出でて上野国に入る。仍《よ》りて住人等漸く和順するの間、俊綱《としつな》の為めに民間を煩はすと雖も、恐怖の思を成すべからざるの由、下知《げち》を加ふ。

と記している。義仲の進出は成功したようだ。最大の敵となっている俊綱《としつな》とは足利太郎俊綱で、平将《まさ》門《かど》の乱（天慶《てんぎょう》二年～三年・九三九～四〇）に功績のあった俵藤太《たわらとうた》秀郷《ひでさと》の子孫である。その子又太郎忠《ただ》綱《つな》は、京にあって平家に属し、宇治平等院の合戦に大功をたてた。この足利氏が源氏に降るのは、ずっと後のことである。したがって『源平盛衰記』が、義仲が兵を挙げると、故帯刀先生義賢の好《よしみ》で、上野国の足利の一族以下がみな木曽に従ったと書いているのは、誤りとしなければならない。ともかくこのころの足利氏は、有力な反源氏勢力であった。頼朝が平家の大軍を迎え討つために鎌倉を発つ

のがこのころであるが、背後の敵を義仲が牽制したことになる。『吾妻鏡』の書きぶりが、この条についてては義仲に好意的であるのは、こういった事情からかもしれない。

このときに、どういう国人が加わったか具体的には明らかでないが、翌年の横田河原《よこたかわら》の合戦には、那和《なわ》太郎・物井《ものい》五郎・西七郎広助などの高山党の上野武士が義仲陣営にいる。おそらくこのときから麾下に加わったのではなかろうか。なおこのうちの那和太郎と物井五郎は、すぐる保元の乱にも源義朝にしたがって戦った武士たちであった。

こうして義仲の上野進出は成功したが、上野より下野《しもつけ》や武蔵《むさし》などに勢力をのばすことはできなかった。のみならず、上野にとどまることもわずか二ヵ月、軍を信濃に帰している。これを『吾妻鏡』にみてみよう。

(治承四年)十二月廿四日、木曽冠者義仲、上野国を避《さ》りて、信濃国に赴く。是れ自立の志有るの上、彼国の多胡庄は、亡父(義賢)の遺跡たるの間、入部せしむと雖も、武衛(頼朝)の権威已《すで》に東関に輝くの間、帰往の思を成し、此の如しと。

義仲に先だつ一月前の八月に伊豆で挙兵した頼朝は、緒戦の石橋山《いしばしやま》の戦いで敗れはしたが、房総《ぼうそう》に渡ってからたちまち勢を盛りかえし、南関東の武士をしたがえて鎌倉へ入ったのは十月の初めである。そしてその月、平家の大軍を迎え討つため駿河《するが》の黄瀬川《きせがわ》まで出陣し、富士川でこれを大破している。その勢いに乗じて上洛も可能と思われたが、部下の意見をいれて鎌倉に引返し、東国経営に専心した。

当時の頼朝には、平家に代って天下の兵馬の権を握る意志はまだ生れていなかったかもしれない。しかし坂東八ヵ国を完全な源氏の地盤に再編成し、おのれがそのただ一人の棟梁としての地位を確立しようとする決意は、明らかにもっていた。相模・武蔵・下総・上総・安房の南関東の武士をほとんどおのれの家人とし得た頼朝にとって、今後の目標は、残る上野・下野・常陸《ひたち》（茨城県）の諸国の国人である。そしていまや東国武士の新しい棟梁への道を歩みはじめた頼朝の意気は、旭日昇天の勢いであった。これら三ヵ国の武士で、頼朝陣営に加わるものが、日を追うて増えていく。常陸の豪族佐竹《さたけ》秀義《ひでよし》一族を滅してその旧領を部下の諸将に分与したのは十一月の初めである。こうした時に、頼朝の眼に不快なものとして映ずるのが、信濃から上野に進出している義仲であってもさほど不思議ではない。東国でただ一人の棟梁をめざすのに障害となるものに対しては、積極的におのが麾下に加わろうとしなかったというだけで、同じ源氏の流れをくむ大族ながら佐竹を徹底的に撃滅した頼朝である。

そもそも二ヵ月前の十月の義仲の上野進出は、東下してくる平家の大軍を目前にしていた頼朝には、背後の足利などの平家勢力を牽制してくれる意味があった。だが今は違う、前には歓迎すべきことであったが、今は嫌うべきことである。義仲の上野よりの南下を阻止するのはもちろんのこと、上野そのものからも義仲勢力の一掃が望ましい。具体的なことはわからないが、ここで頼朝がなんらかの手を打ったことは確実であろう。翌々寿永二年（一一八三）の三月に、義仲と頼朝の間に一触即発の危機がおとずれるが、その遠因は既にこの時に蒔かれた。

しかし義仲は、あえて頼朝と対立する道をえらばなかった。のちにも触れるように、頼朝ほど野心的、いわば政治的でなかった義仲は、それだけに単純であった。おそらく源家復興のみを純粋に思いつめていたのであろう。有力な源氏の大将が一人でも多くなれば、それが源氏の繁栄に直結すると思っていたにちがいない。上野進出が一応の成功をおさめたことに満足して、義仲は再び治承四年の暮れに信濃へ引き返している。

さきにわたくしは、義仲は政治的でなく単純であったといったが、少くともこのとき、頼朝との接触をさけて信濃へひきかえしていったのは賢明であったと思う。

越後の城氏

越後の城《じょう》氏は、北陸地方の最大の平家方であった。城氏は、平安時代の中期に東国で武名をあげ、余五《よご》将軍といわれた平維茂《これもち》の後裔である。平永基《ながもと》のころは（十二世紀前期）越後の豪族として、国司もそれをはばかるほどの勢力に成長していた。その子助国《すけくに》から城氏と名のり、奥羽の権勢家清原武衡《たけひら》の娘をめとって、越後から出羽にかけてゆるぎない勢力をきずいたのである。その子が太郎助永（資永・助長）と四郎助茂《すけもち》（助職・長茂）の兄弟である。

義仲が木曽で兵を挙げた知らせが京都へとどいたとき、平清盛は「そんな奴は歯牙にもかけるほどのこともない。かりに信濃一国の武士たちが義仲の味方をしたといっても、越後国には余五将軍の末葉である城太郎助長（助永）と四郎助茂がいる。兄弟ともに多くの武士を従えた勢い盛んなものである。このものどもに命令を下せば、やすやすと義仲を討ってくれるであろう」といったという。だから、かねてから頼もしく思われていた平家の大豪族であった。事実、義仲が信濃から上野に進出した治承四年の十二月、城太郎助永は、甲斐・信濃の源氏を一手にひきうけて攻め落とそうと、都の六波羅まで申入れている（『玉葉』）。

上野より引きかえしたころの義仲は、もはや四ヵ月前の木曽谷時代の義仲ではなかった。関東の源頼朝とならんで、信濃に木曽義仲ありと、ようやく世人の注目をひきはじめてくるのである。城太郎助永は、義仲が隣国信濃や上野の武士を次々に配下にいれて、大きな源氏の勢力となろうとするのをみて、心中はなはだ穏やかではない。小河《おがの》荘《しょう》赤谷《あかだに》に城を構えて、一挙に義仲をたたき潰す機会を狙った。あくる治承五年（一一八一）の二月（七月養和と改元）、越後守に任ぜられたことも、ますます

城氏系図

平維茂（余五将軍）―繁成（出羽城介）―貞成―康家―永基―城助国
清原武則―武衡―女（城助国と婚姻）
城助国＝女
├助永（資永）
└助茂（助職）

その使命感をたかめた。かくて雪解けを待って、大軍をもよおして信濃へ攻め入ろうとしたが、まさにその出陣の直前急病で陣中に倒れた。

『平家物語』も『源平盛衰記』も、出陣前夜に、空から大きな嗄声《しわがれごえ》で「奈良の大仏を焼き亡ぼしたような平家の味方をするものがいる。召捕れ」と三声聞えた。郎等たちはよくない前兆だから出陣を止めるようにすすめたが、きかずに出発すると、俄に黒雲が助永の身を包んだので落馬した。それがもとで死んだという奇怪な話をのせている。なにか異変があったのかもしれないが、おそらく中風の発作で死んだのであろう。

直ちに兄の跡は弟の助茂が継いで城氏の当主となった。助茂は白川《しらかわ》に館《たて》をかまえていたので、白川殿《どの》とか白川御館《おやかた》とよばれていた。助茂は兄の遺志をつぎ、越後平軍の大将としてその六月に信濃侵入を開始した。

義仲の陣営

義仲と城氏の衝突は、おそかれ早かれいずれ起る運命にあった。義仲にとって、関東や東海が頼朝の支配下になりつつあったのだから、源氏の同志討ちを避けようとすれば、好むと好まざるとにかかわらず、京都への道は北陸道にとらざるをえない。その第一関門は信濃の北につづく越後なのであるから、そこに城氏の勢力が立ちはだかる以上、城氏はまず除かねばならない障害であった。いいかえるならば、越後が義仲の支配下に入らない限りは、その勢力は、信濃という山国のなかの小さいままのもので終ってしまう。平家を討って源氏の世にする望みは、永久に捨て去ってしまわねばならない。だから、義仲にとっての当面の敵は、京都の平氏ではなくて越後の城氏であった。

一方、助永の後を嗣いだ助茂は、兄の遺志を実行することが、とりもなおさず越後での勢力を維持し平家方としての城氏の生きる道であることをよく知っていた。治承五年六月、越後・出羽（秋田・山形県）・陸奥の会津四郡（福島県）の兵一万余をひきいて、信濃国へ侵入した。おそらく助茂の全兵力を動員したものと思われる。大した抵抗を受けることもなく国境を突破した城軍は、馬を進めて、善光寺平《ぜんこうじだいら》を右に見て千曲川《ちくま》のほとり横田河原《よこたがわら》に陣をかまえた。六月十三日のことである。

普通には、この横田河原の合戦を『平家物語』や『吾妻鏡』にしたがって、翌年の寿永元年（一一八二）に起ったとされている。しかしこれは間違いで、『玉葉』や権大納言《ごんだいなごん》藤原経房《つねふさ》の日記『吉記《きっき》』にもとづいて、治承五年すなわち養和元年と考える方がよい。ここでの日時は、わたくしはすべて『吉記』『玉葉』にしたがっておく。

越後の城軍侵入の報を、義仲は小県郡の依田城《よだ》（上田市南方もと依田村）で聞いた。ただちに全軍に触れて出発し、横田河原近くの白鳥河原まで進んだ。しかし義仲は、旗を木曽谷にひるがえしてからまだ一年になっていない。全兵力をひっさげて城四郎助茂と対峙したのであるが、その勢は助茂の三分の一にも足りない三千余騎であったという。

当時の義仲の勢力を知る意味で、この戦で義仲の陣営に加わった有力な武士を『源平盛衰記』などで調べてみよう。

木曽党　樋口次郎兼光・今井四郎兼平・木曽中太《ちゅうた》・同弥《や》中太・検非違所《けびいどころの》太郎・東《あづまの》十郎・進士《しんし》禅師《ぜんじ》・金剛《こんごう》禅師・与次《よじ》・与三

諏訪《すわ》党　諏訪次郎・千野《ちのの》太郎・手塚別当《てづかのべっとう》・同太郎光盛《みつもり》

信濃源氏　井上九郎光盛・根井小弥太・楯六郎親忠《たてのろくろうちかただ》・八島《やしま》四郎行忠・落合《おちあいの》五郎兼行《かねゆき》・根津《ねずの》次郎貞行《さだゆき》・同三郎信貞《のぶさだ》・海野弥四郎幸広・小室《こもろの》太郎・望月《もちづきの》次郎一族・志賀《しがの》七郎一族・桜井《さくらいの》太郎一族・石突《いしづきの》次郎・平原《ひらはらの》次郎景能《かげよし》・仁科《にしなの》二郎

上野武士　那和太郎・物射五郎・小角六郎・西七郎広助・高山党

そのほか『玉葉』には甲斐の武田源氏も加わったとあるが、氏名などは明らかでない。これが、当時の義仲の動かし得る最大限であった。これからみると全軍三千余騎というのも実際よりは誇張があるかもしれない。思えば前年の暮、頼朝との接触を避けて上野からひきあげているが、それから半年後の義仲の実勢力がこの程度であるから、あのとき頼朝との対決を避けたのが賢明な方策であったことがわかるであろう。

横田河原の合戦

信濃に侵入して横田河原に陣どった城四郎助茂は、横田・篠野井《しののい》から石川にかけて民家に火を放って義仲軍を待ち受けた。六月十三日、白鳥河原に到着した義仲は、楯六郎親忠（木曽四天王の一人）につぶさに敵情を偵察させて作戦をねった。近くに八幡社があったのを幸いに源氏の氏神としての加護を祈っている。

戦いの幕は翌十四日午前八時、義仲軍の高山党をひきいる西七郎広助と、城軍の先導をつとめた信濃武士笠原平五頼直の対戦で切って落された。笠原頼直は、去年の九月義仲の挙兵の出鼻を潰そうとして市原で破られ、城氏をたよって越後へ逃れていた南信濃の武士である。城助茂は「恥ヲ雪《そそ》メ給ヘカシ、平家ノ見参ニ入奉ラン」と頼直を励ましている。恥はもちろん前年の敗戦を指すのであろうし、平家の見参に入れんとは、功績を都の平家に報告して旧領を回復させてやろうということだ。

この衝突をきっかけとして、両軍はそれぞれの部隊が名乗りあって駈け乱れた。義仲は木曽党・甲斐武田党・信濃源氏と三手に分けて、小勢ながらもその勇猛な奇略をもって、万余の大軍を擁する城軍をしばしば悩ました。かくて両軍は横田河原を血に染めて戦ったが、勝敗は容易に決しない。そして最後に、義仲は井上九郎光盛に、平家の印の赤旗・赤符《あかじるし》で偽装させた信濃源氏の仁科《にしな》党を指揮させて、はるか東北の方から城軍の背後に迂回させた。赤旗の偽装軍を新たに来援してきた信濃の平家方の武士と錯覚した助茂の本陣は、目前まで近づくといままでの赤旗をかなぐりすてて、源氏の印の白旗を掲げて突入してくる仁科党のため大混乱をおこした。待ちかまえていた義仲は、残余の兵力を正面から一挙に投入して決戦にでた。この奇襲作戦の成功で義仲軍は大勝を博したが、助茂は身に数ヵ所の手疵《てきず》を負い、甲冑《かっちゅう》も脱ぎ棄てるみじめな状態で、わずか三百余人で、ようやくのことで本国へ逃げ帰った。

祖父の永基《ながもと》以来、越後に権勢をふるっていた城氏であったが、この惨めな敗戦をきっかけとして、いままで押えられていた越後の武士たちが助茂に反抗しはじめた。そのため城氏は越後を保つことができず、陸奥の藍津《あいづ》城（会津）に落ちのびてい

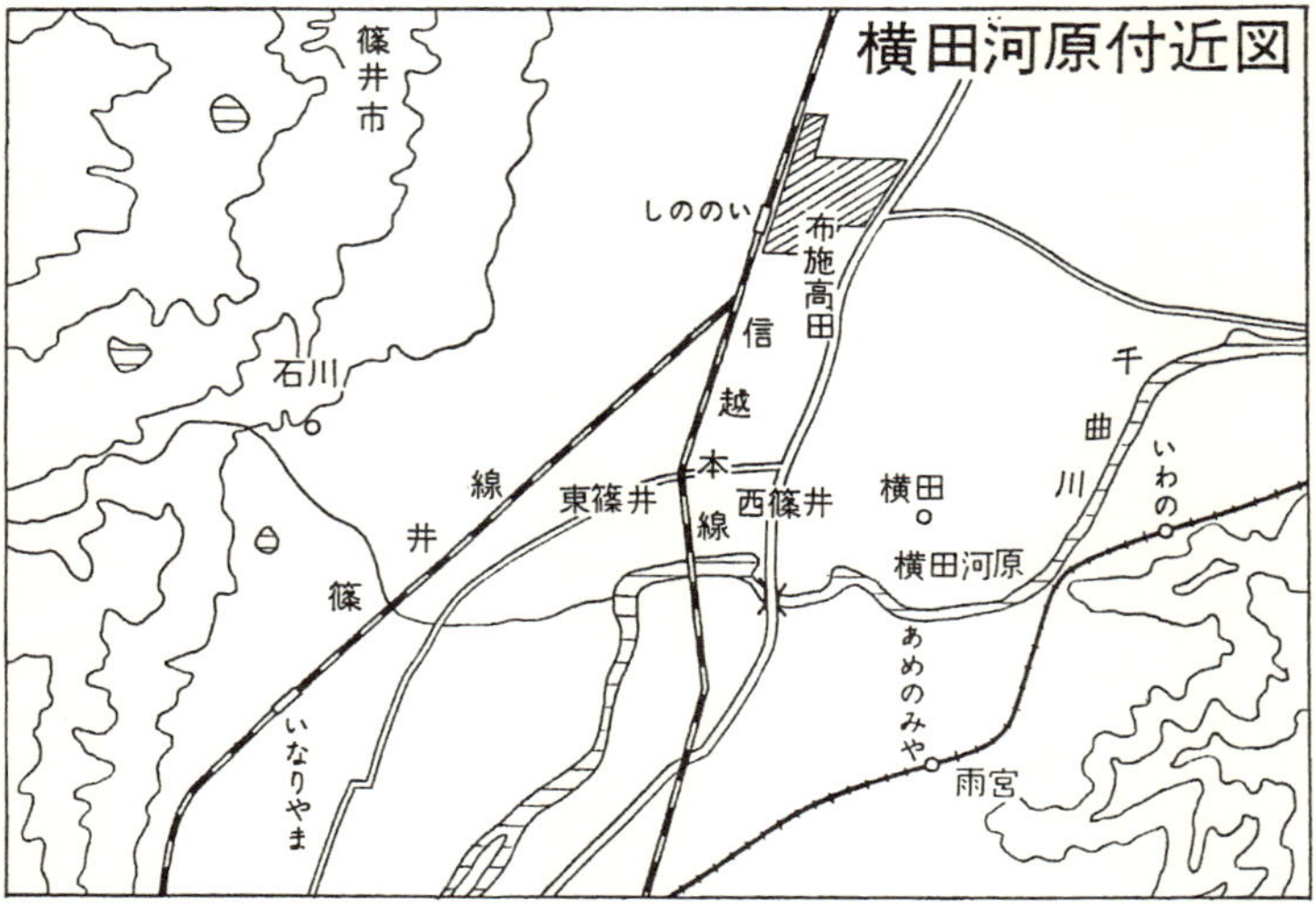

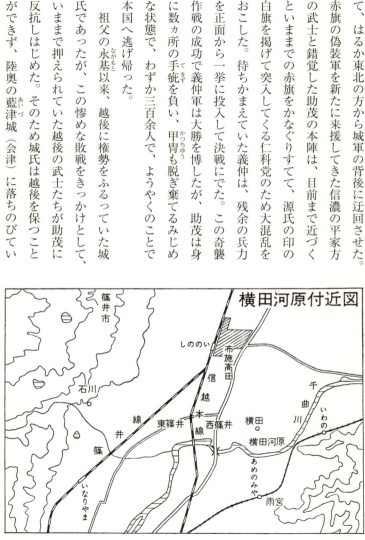

った。

北陸武士の動向

城四郎の大軍潰滅《かいめつ》すとの報は、またたく間に各地にひろまった。木曽の山猿なにするものぞ、城兄弟にまかせておけば直ぐにも吉報がとどくと軽視していた京都の平家一門は、改めてその実力に恐れを抱き、東国の頼朝の外にも強敵の出現したことに心を痛めた。敗戦の身で本国の越後をすら保つことができなくなった城助茂に、二ヵ月も経った八月半ばになって、兄の助永のように越後守に任じて先の労をねぎらうとともに、再び義仲追討を命じているのは、この間のうろたえぶりをよく現わしている。なおこのとき、同時に奥州の藤原秀衡《ひでひら》を陸奥守に補任《ぶにん》しているが、清盛の亡きあと、なんとか苦境を突破しようと一心になっている平宗盛《むねもり》の、藁にもすがろうというところがうかがわれよう。

この補任のあった日、ようやく当初の狼狽から落着きをとりもどした平家は、但馬守《たじまのかみ》平経正《つねまさ》と中宮《ちゅうぐう》亮《のすけ》平通盛《みちもり》を北陸追討使に任じて、ひきつづいて京都を進発させている。しかし、この追討行で、さきの城氏敗北と劣らないくらい平家の心胆を寒くさせることが起った。それは、越中《えっちゅう》（富山県）・加賀《かが》・能登《のと》（いずれも石川県）・越前《えちぜん》の北陸武士の平氏からの離反であった。

当時北陸で名の知られた武士は、越中では野尻《のじり》・河上《かわかみ》・石黒《いしぐろ》・宮崎《みやざき》などの各武士団、加賀では藤原利仁《としひと》の後裔と称する富樫《とがし》や林の一族に、井家《いのいえ》・津波多《つばた》などの党、能登には土田《つちだ》・日置《ひおき》の面々、越前では稲津新介実澄《いなづのしんすけさねすみ》に、平安時代以来の神威を誇る白山《しらやま》中宮の神宮寺《じんぐうじ》として、九頭竜《くずりゅう》川流域一帯に威望をふるっていた平泉寺《へいせんじ》（大野郡勝山市）の長吏《ちょうり》斎明《さいみょう》威儀師《いぎし》などがいた。かれらは積極的に源平いずれの郎等に加わるというわけでもなく、さりとて、みずから中原に打って出る実力も野心もなく、ただ自己の勢力を維持することだけに汲々としていた。いわば天下の形成を観望していたので、いままでは平家の世であったから、その命には反抗しなかっただけであった。そこへ、かれらの間では勢威ともに一頭地を抜いていた越後の大族城助茂が、万余の大兵を擁しながらも木曽義仲のために完膚《かんぷ》なきまでにたたきのめされたとの報が伝わった。それは、遠い東国や都でおこったことではない。かれらの根拠とする北陸のつい隣りの国の合戦においてである。そしてこの戦ののち越後の武士は、ほとんど義仲方に加わったという。木曽義仲に従うか、このまま形勢観望をきめこむか、それともいままでのように離れた都の平家の陣営に属するか。かれらは、いよいよ決断の場にすえられた。お互いの往来は頻繁をきわめる。かくて論義を重ねた末、かれらは次々に義仲の旗下に加わっていった。

平経正・通盛らの追討使が北陸へ下向したのは、そうした北陸武士の動向が、ほぼ義仲陣営に傾いたころであった。この平家の北陸追討は、二年後のそれのように、京都出発の当初から大軍を整えてかかったものではあるまい。おそらく少数の旗本をつれただけで、通過する土地の武士団を次々と征討軍にくり入れていく方針のもの、いわば戦力の現地調達を狙うやり方であったと思う。それが当時の普通の軍隊編成法であり、出発時の平家の主脳部は、北陸武士がこぞってわが陣営に参加することを期待していたであろう。しかし事態は全く予想に反した。越前進出まではどうにかこぎつけたが、北陸武士の参加ははかばかしくない。加賀武士は南越前に乱入して焼きはらう。九月初め、義仲の派遣した根井太郎行親（木曽四天王の一人）と越前の水津《すいつ》で戦った通盛は、最初味方していた稲津実澄や斎明威儀師などの越前武士に叛かれて、またたく間に越前南端の敦賀《つるが》まで押し返されてしまった。やがて北国特有の寒い冬が近づいてくる。十一月も末になって、通盛らは空しく京都へひき上げ、経正はかろうじて若狭《わかさ》にとどまるという状態であった。

南信濃の木曽谷の義仲は、市原の戦いで信州の義仲になり、横田河原の勝利で信越の義仲になった。しかしその勝利があまりにも決定的であったので、以後は年内を出ないうち、またたく間に、ほとんど戦わずして越後から越前に至る北陸一帯の武士にその威令が仰がれる、北陸の木曽義仲となったのである。

義仲は、兵を挙げてから一年足らずの間に、名実ともに東国の源頼朝と肩をならべる一大実力者に成長してきた。かくてここに、再びむしかえされてくるのが頼朝との問題であった。

なおここで城助茂の末路を付記しておきたい。助茂は梶原景時《かじばらのかげとき》のとりなしで、文治五年（一一八九）の頼朝の奥州藤原征伐に従軍して功をたてたが、頼朝は重用しなかった。正治元年（一一九九）景時が幕府に背いたとき、同類として追究されて一時身を隠した。

翌々建仁元年（一二〇一）正月、突如、後鳥羽上皇の御所におし寄せ、頼朝の子で時の将軍であった頼家追討の院宣《いんぜん》を強要したが、在京中の鎌倉の御家人小山朝政《おやまともまさ》の兵に囲まれ、どうにか大和《やまと》（奈良県）まで逃走したものの、そこで誅せられている。

倶利伽羅の合戦

義仲、危機一髪

治承四年（一一八〇）も凶作であったが、養和元年（一一八一）もそれに輪をかけた凶作であった。この大凶作は、翌年の寿永元年（一一八二）も続いている。全国的に餓死者は路傍を埋めるというありさまで、源氏も平氏も思うように兵粮米《ひょうろうまい》を準備することができず、とても遠征のような大規模な戦闘を行うことはできなかった。自然、休戦状態のままで寿永元年もくれた。

この間に鎌倉の頼朝は、東国の地盤をますます固いものにし、着々として坂東八ヵ国から東海にかけての武士を傘下《さんか》に入れていった。一方義仲も、信濃・越後を根拠として越中・加賀・能登・越前の北陸武士を味方に加えることにつとめた。北陸に逃れていた以仁王の皇子を迎えて自己陣営の中心にしたのはこのころであろう。北陸《ほくろく》の宮《みや》といわれる方であるが、以仁王の令旨を錦の御旗にして諸国の源氏が兵を挙げたのであるから、その王が宇治に敗れて奈良に逃れる途中の光明《こうみょう》山で亡くなられた現在、その御子が自己陣営にあるということは千鈞の重みを加える。頼朝ですら以仁王は戦死されずにひそかに東国に逃れて頼朝の館におられると部下に宣伝しているのであるから、その御子が実際に義仲に奉ぜられている事実が、北陸武士の動向を支配した大きな理由になったことは充分想像できる。

このように義仲・頼朝とも態勢の整備につとめていたのであるが、寿永二年（一一八三）の春から、両者の間に険悪な空気がただよいはじめた。頼朝は木曽義仲討つべしと、数万騎の軍勢を上野から碓《うす》井《い》峠《とうげ》を越えて信濃に乗り入れた。一時天下が小康状態を保ったとはいえ、当面の敵である平氏のことをさしおいて、頼朝と義仲との間に戦端が開かれんとしたのは一体どうしたことであろうか。

この間の事情を『源平盛衰記』に聞いてみよう。甲斐源氏の嫡流武《たけ》田《だ》信義《のぶよし》の子に五郎信光《のぶみつ》というものがいた。治承四年以来、兄の一条忠頼《ただより》とともに頼朝と呼応して駿《する》河《が》の平家勢力を一掃するのに功があった。隣国

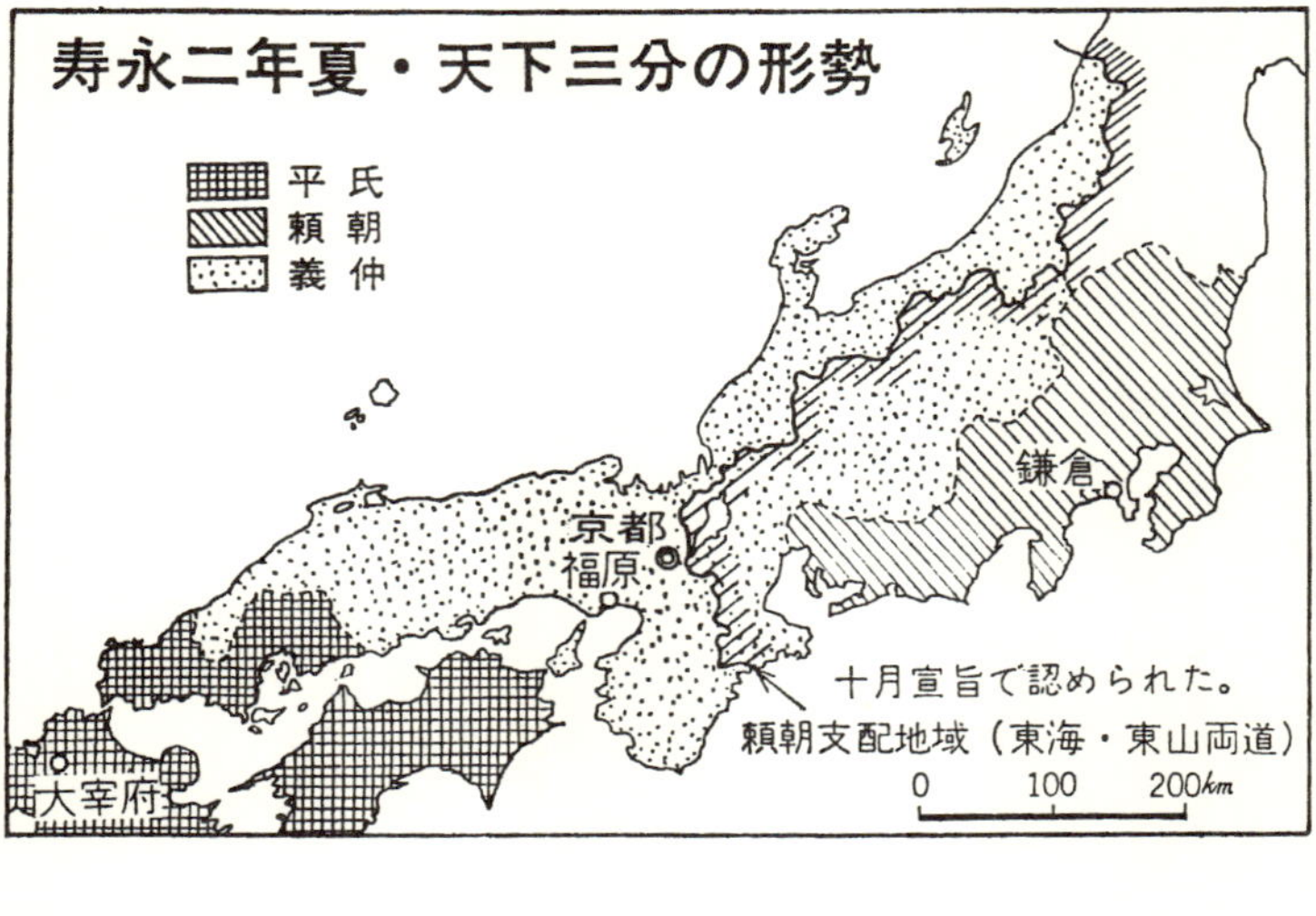

の木曽義仲の武名があがるにつれ、これと縁を結ぶことが、さらに武田家を源氏一族中で重からしめることと考えた信光は、わが最愛の娘の婿に義仲の長子志水《しみずの》冠者《かじゃ》義高《よしたか》を迎えたいと申しいれた。家柄からいってもまた甲斐源氏のもつ実力からいっても、信光はこの縁談は喜んで受けいれられると思った。ところが案に相違して、義高の妾にならともかく妻になど思いも寄らないと、手痛く義仲から拒絶された。心中深くこのことを恨んだ信光は、早速頼朝に、

「義仲は、越後の城助茂を破ってから、北陸道を手にいれて勢が盛んだ。そして今にも平家を滅ぼすために上洛すると言っているが、実は平重盛《しげもり》の娘を宗盛《むねもり》が養女にしていて、木曽義高をその婿にしたいと内々に申込んでいると聞いている。義仲も平家と結んで頼朝を亡ぼそうと企んでいる」

と、密告したというのだ。

ところが『平家物語』にいうのは、少しちがう。さきに以仁王の令旨を諸国の源氏に触れまわって

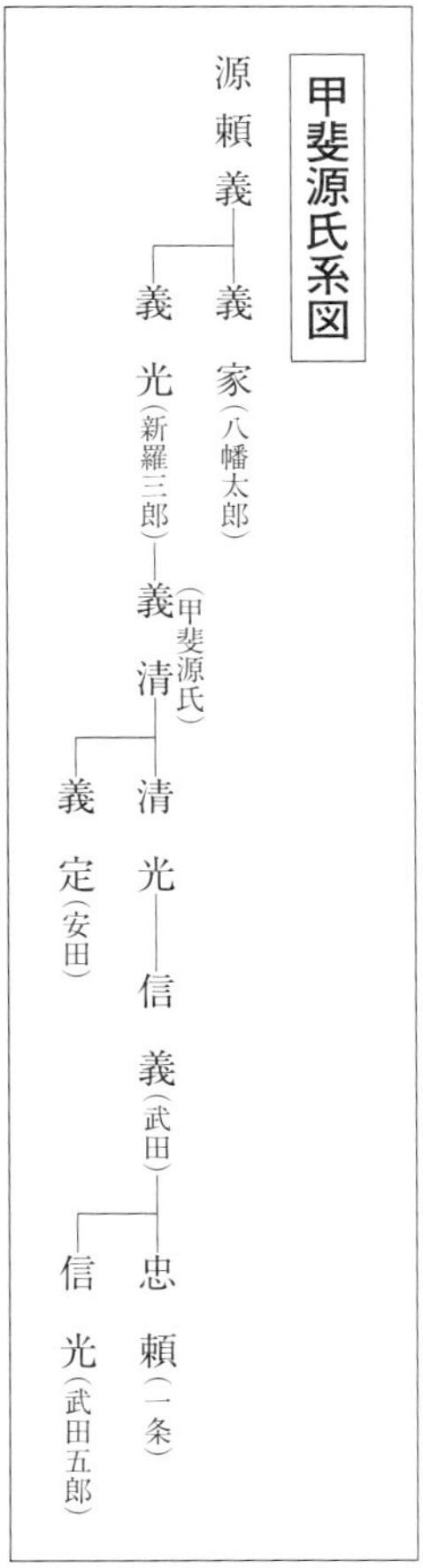

活躍した源行家は、養和元年（一一八一）美濃《みの》（岐阜県）で兵を挙げたが、洲股《すのまた》川の戦いで平重衡《しげひら》に破れた。退いた参河《みかわ》（愛知県）の矢作《やはぎ》川でようやく勝ったものの、その後思うように勢力を伸ばすことができず、頼朝のもとに身を寄せていた。しかし、行家は頼朝の叔父である。そうした自負から、頼朝の家人にならんといいながらも、かなりその神経を刺戟する行動にも出たようである。ついに追われるように鎌倉を去って信濃へ走り、同じ甥の縁をたのんで義仲の陣に加わった。頼朝を嫌った行家を、義仲が拾ったのが対立の因だというのである。

が、『吾妻鏡』の伝えるのはまた違う。源為義の子で義朝の弟である義広《よしひろ》（義憲《よしのり》ともいう）は、下野《しもつけ》にいたが、のち常陸《ひたち》（茨城県）にうつり信太《しだ》（霞ヶ浦西岸）に土着して、志田三郎先生《しだのさぶろうせんじょう》義広と名のる豪族となった。頼朝の叔父に当るが、積極的に頼朝の傘下には加わらなかった。行家のときと同じように、甥に仕えるのを快く思わなかったのであろう。この態度は、東国に源氏の棟梁は一人のみとする頼朝には当然面白くない。いつしか両者の関係は悪化していった。寿永二年（一一八三）二月、遂に意を決した義広は、兵を集めて鎌倉を襲おうとした。頼朝の威がまだ完全に行きわたっていない常陸・下野・上野では、藤原系の足利氏のように義広の企てに応じた武士もかなりいたが、組織化されないうちに計画が洩れ、頼朝に味方する小山朝政などの奇襲攻撃をうけて、一敗地にまみれてしまった。敗れた義広は長年の本拠地である常陸を捨て、下野・上野を経て信濃に逃れた。そして頼っていったのが木曽義仲のところであった。いうまでもなく、義仲も義広には甥であるからだ。

ただ『吾妻鏡』は、この事件を二年前の治承五年（一一八一）閏二月としているが、それは誤りで、寿永二年の二月に起ったことであった。

不和の背景

この三つのうちでどれが正しいか、なかなか決めにくい。以前は、前の二つのどれかが理由とされていたが、最近は志田義広の事件を原因とする人が多い。

わたくしは、この三つのいずれを原因とするにしても、それは頼朝が兵を出すきっかけを作るための口実にしただけであって、こういう単純なことだけで義仲を討とうとしたのではないと思う。頼朝の真意はもっと深いところにあったのではないかと考えている。

伊豆で兵を挙げてから鎌倉に入るまでの頼朝は、武家の政権を作ろうなどとは、夢にも思っていなかったにちがいない。おそらく流人《るにん》という罪名をのぞかれて、父や祖父の時代のように、京都へ出て朝廷や摂関家に仕えたころを再現しようと思っていたであろう。富士川の合戦で平維盛《これもり》の大軍を敗走させてからも、まだ武家政治をたてる計画は熟していなかったのではないか。養和元年（一一八一）八月、ひそかに後白河法皇に奏状を奉って

「自分は全く謀叛《むほん》の心はない。ただ君（法皇）の敵を伐とうというだけです。もし平氏を亡ぼして

はいけないといわれるならば、昔のように源氏・平氏とならべて召仕い、東国は源氏の支配とし、西国は平氏の自由にさせ、国司は朝廷から任命して下さい。そして国を乱すものの討伐は、源平両氏に仰せつけられる試みをして下さい」

といっているのが、おそらく当時の頼朝の本心であろう。

中央では源平両氏が、並んで仕えてもよいと思っていても、治承四年の暮れに新装なった館にはいって、名実ともに鎌倉殿《かまくらどの》となった頼朝は、東国においても二人の棟梁が相並んで武士を統率してよいと思っているのでは、決してなかった。かつての祖先の義家や父の義朝がそうであったように、源氏武士団の中心になってそれを統率する最高責任者は、常に一人でなければならない。たとえ肉親の兄弟や伯叔父であっても、棟梁に対しては家の子であって、決して棟梁と同じ権威を持つものであってはいけない。事実そうでなければ、弱肉強食の長い闘争の歴史のなかで成長してきた荒くれものの東国武士を統率していくことは不可能であった。多くの東国武士もまた、そうした強い権威をもった棟梁に、自分たちの所領の安全が保証されることを待望していた。

鎌倉殿となった頼朝は、南関東の武士の世望をになって、そうした棟梁たるべき巨歩をいよいよふみ出したのである。そうしたときに行家が、単に頼朝の叔父であるということだけで、東国で甥と同等の権威ではないにしても他の家人以上の地位を占められると期待しても、それは期待する方が無理である。叔父ぶれば叔父ぶるほど、頼朝の東国の棟梁としての権威に傷がつく。行家が鎌倉を追放同様のありさまで退去するのは当然であった。

志田義広は、南常陸武士団の中心者であった。それに頼朝の叔父である。かつての棟梁兄義朝の亡きいま、その後継者になる資格は頼朝と大差はなかった。それだけに自負心が強かったであろうし、頼朝が急に大きくなったからといって、他の東国武士のように、虚心にその麾下に加われなかったのではなかろうか。治承四年十一月の佐竹征伐のおりに頼朝に会ったきり、謀叛をおこす寿永二年二月までの二年間、一度も鎌倉には出仕していない。その家柄、もっている実力からいって、義広は、あくまでも頼朝と対等と考えていたと思う。同じ叔父でも、行家とはちがって義広は、長年つちかった南常陸の地盤を有する実力者であった。頼朝は人知れず心をくだいたであろう。詳細なことはわからないが、わたくしは、頼朝は義広をして兵をあげざるを得ないような羽目に追いこんだのではないかと思う。おそらく義広は頼朝の挑発に乗ったのではなかろうか。

義仲の場合も同様と思う。すぐる治承四年十二月、義仲はせっかく手に入れた上野から信濃に引き上げた。それは頼朝との接触を避けたためであろうということは、すでにみてきた。わたくしは、このとき義仲は、頼朝の挑発に乗らなかったのだと思う。

そもそも、義仲も頼朝も、また甲斐源氏の挙兵も、それぞれ独自の目的をもっての行動であって、事前の打ち合せや頼朝の命令によるものではない。かれらはみな同じように以仁王の令旨を錦の御旗にかかげていたのであって、とくに頼朝だけが一段すぐれているわけではなかった。お互に対等であったのである。だから、こうした中から頼朝がすべての源氏武士団の棟梁たる地位を獲得せんとする道は険しかった。そして、そのもっとも有力な競争者が木曽義仲であった。

伊豆で兵を挙げた直後に、北条時政《ほうじょうときまさ》を甲斐《かい》（山梨県）に遣わして、その源氏を味方につけ信濃を平定しようとした時は、まだ義仲の存在には注目していなかったであろうが、鎌倉に居をすえてからは、甲斐源氏をめぐっての懸引《かけひき》が義仲との間に開始された。さきにみた『源平盛衰記』の、武田五郎信光が義仲のことを頼朝に密告した話は、その内容はともかくとして、甲斐源氏が頼朝陣営にかたむいたことを示すものといえる。事実、武田・一条などの甲斐源氏は頼朝と行動をともにするようになっている。もっとも横田河原の戦いでは甲斐源氏が木曽党と連合して城助茂を討っているし、のちの義仲上洛時には、安田《やすだ》三郎義定《よしさだ》が呼応して入京しているから、まだ甲斐源氏は完全に鎌倉殿の支配下にはいったとはいえないが、大勢が義仲に不利になったことは否めない。

村山七郎義直といえば義仲挙兵の出鼻をくじこうとした平家方の笠原頼直を市原で迎え討った南信の土豪であった。最初から義仲陣営の有力武士と思われるのであるが、養和元年（一一八一）にはここへも頼朝は手をのばしている。五月十六日、義直に高井郡の村山・米持の所領安堵状《あんどじょう》を与えているのは、義仲ではなくて頼朝であった。義仲の本拠木曽に近い南信の武士が、その所領の安全の保証を頼朝からもらったというのは、ある意味において、頼朝の眼中に義仲はないというふるまいである。少くとも甲斐・信濃の武士にそう思わせるジェスチャーといわねばならない。つまり逆にいえば、頼朝が東国の主《あるじ》としての小成に安んじているわけにはいかなくなったほど、義仲が大きな存在になってきたことを語っている。

さらに、義仲が以仁王の御子を奉じていることも、頼朝には不利な条件であった。王の令旨をいただいた点では、頼朝も義仲も同等である。しかしその王は既に崩じている。とすれば令旨という錦の御旗のうえに北陸宮を奉じているのが、義仲の断然たる強味である。頼朝がひたすら以仁王の戦死をかくして、東国に逃れて頼朝の館にいると宣伝しているのは、最初は東国武士をつなぎとめる手段であったが、のちには義仲の北陸宮に対抗する意味が中心になっているのだと思う。養和元年の八月からひそかに後白河法皇に奏状を呈したり、伊勢神宮を通じて京都の公家とつながりをもとうとしはじめるのも、頼朝が対外的に、北陸宮以上のスローガンを獲得せんとしたことに原因しているのではなかろうか。

いずれにしても源氏の棟梁は一人であるべきであり、その一人の棟梁たらんと決意した頼朝にとって、行家去り義広を追った現在において、木曽義仲がもっとも恐るべき競争者と映ずるのは当然であった。義仲の意志いかんにかかわらず、頼朝はどうしても義仲を討たなければならなかった。

志水冠者義高

数万騎の大軍が碓井を越えたとの報せをえた義仲は、依田《よだ》城（上田市南方）を出て信濃と越後境に陣を布いた。頼朝軍は善光寺（長野市）まで進出し、あわや戦端が開かれようとした。しかし諸将を集めて軍議をこらした義仲は、和議を申し入れ、十一歳になった最愛の嫡子志水《しみずの》冠者《かじゃ》義高《よしたか》を質子《ちし》として鎌倉の頼朝のもとへ送ることで、ようやく事件のけりをつけた。頼朝の長女大姫《おおひめ》と結婚させるという形であるが、ていのいい人質《ひとじち》である。

さきに上野で頼朝との接触を避けた義仲は、ここで再びその衝突を回避した。そしてここでもわたくしは、義仲の処置は賢明であったといいたい。なるほど義仲は、信濃から北陸一帯を勢力圏にした。しかしその武力は、頼朝と対等であったか疑問である。保元の乱（一一五六）に源義朝の動員した東国武士の分布を思いだしていただきたい。それは坂東八ヵ国が大部分で、信濃にはごく少なかった。これは源氏恩顧《おんこ》の武士が、信濃には少なかったことを示す。頼朝のもとには、招かずとも旧来の恩顧を慕ってくる武士が多かったが、義仲は、あらたに自己の力か利害でもって武士をさそわねばならなかった。そのことは、石橋山の戦いに破れた頼朝は、かろうじて二、三十人の勢で海路安房《あわ》（千葉県）に逃れたにもかかわらず、わずか四十日後には数万騎の大軍にふくれあがって、堂々と鎌倉に入ることができたのに対して、義仲は、挙兵後十ヵ月近く経ったにもかかわらず、横田河原の合戦で動員しえたのは三千余騎と伝えられていることでもわかるであろう。しかもその中には、甲斐源氏の連合軍が含まれているから、純粋な義仲麾下の勢力は二千に満たなかったのではなかろうか。また信濃にも武士は多かったが、東国の三浦・千葉・上総介一族のように五、六百騎の家子郎党を擁するような大武士団は少なかった。中原・根井の一族にしても、東国では中小武士団であろう。

義仲と麾下の武士との主従のつながりはどうであったろうか。次の話がその主従関係の実態をよく示していると思う。

頼朝が岡崎《おかざき》四郎義実《よしざね》と天野《あまの》藤内民部《とうないのみんぶ》遠景《とおかげ》を遣わして、義仲に行家を引き渡すか志水冠者を人質に出すかどうかと談判したときに、根井や小室《こもろの》太郎《たろう》が義仲に「頼朝の条件を呑まなければ、東国と北国の大戦になって、肝心の平家を討つ力がなくなるであろう。（義仲殿は頼朝殿に）遺恨はないのだから、直ぐ御子様を渡した方がよい」といった。今井四郎兼平は「兵衛佐殿《ひょうえのすけどの》（頼朝）とは結局仲よくできないでしょう。帯刀先生殿《たてわきせんじょう》（義仲の父義賢）を悪源太殿（頼朝の兄義平）に討たれた意趣もあります。このさい思い切って戦いましょう」と進言した。義仲は両者の言い分を聞いて、

今井ハ乳母子《めのとご》（乳兄弟）ナリ、根井・小室ハ新参《いままいり》ナリ。乳母子カ云ン事ニ付《ツイ》テ、此等ガ云《イフ》事ヲ用ヒスハ、定テ怨《ウラ》ミナンス、此等ニステラレテハ悪シカリナン（『長門《ながと》本《ぼん》平家物語』）

と心中に思案して、志水冠者を質子に差出したという。頼朝がまだ少勢のときに、二万の大軍をひき

いて加わった上総介広常《かずさのすけひろつね》に対して褒めるどころか遅参を責めたという話と大変な違いである。これは義仲と頼朝の人物の違いというよりも、両者の主従関係の質の相違をあらわしているというべきであろう。義仲も優秀な武将であった。外見上は信濃・北陸の大将として、坂東の頼朝と一歩もひけをとってはいない。しかし戦いになれば、義仲の武士団と頼朝の武士団に差のあることをよく知っていたにちがいない。だからこそ今井兼平の妹との間に生まれた嫡子義高を鎌倉におくる条件を呑んでまで、頼朝との開戦を避けたのであろうと思う。

義仲は、志水冠者を鎌倉へ送ると、直ぐに三十人あまりの重だった武将の妻女たちを集めて、

「義高を、お前たちの夫の身替《みがわ》りに鎌倉へつかわした。もし吾児が可愛くて渡さなかったならば、頼朝は東国の大軍をひきいて押し寄せてくるであろう。戦いが始まれば、両軍ともに多くの戦死者が出る。それを避けんがために、吾児を犠牲にして頼朝のところへ人質に出したのだ」

といった。これを聞いた妻女たちは、みな涙を流して感激した。そして夫たちに、このようにわが子を犠牲にしてまでわたしたちのことを考えてくれる主君の恩を忘れて、もしどこかの戦場から逃げてきても決して会いもせず一緒にくらしませんと宣言し、それぞれ御恩に背かない旨を起請文に書かせて、義仲のもとに差出したといわれている。ありそうな話である。わが子を質にすることで頼朝との危機一髪を回避した義仲は、無傷で戦力を保有することができた。そして北陸道へ目を向けるのに専念することもできるようになった。おそらく信濃武士との主従関係も従来以上に固くなったであろう。

三ヵ月後の倶利伽羅《くりから》の合戦に大勝を博し得た遠因は、ここに築かれた。

さきにわたくしは、義仲が頼朝との戦争を回避したのは賢明な処置であったといった。しかし一方からみるならば、義仲が最終的に頼朝に敗れねばならなかった基因も、またこのときに発生したといえるのである。だれが武士の覇者《はしゃ》になるかというのは、だれがもっとも高貴な身分の武家であるかということが、最大の条件であった。当時、平家に代ろうとするものにとっては、源氏の嫡流中の総帥《そうすい》であること。諸国にひろがるすべての源氏の宗主《そうしゅ》（根本の人）であることを、自他ともに認めさせることが必要であった。血統の上からいうならば、頼朝も義仲も源氏の嫡流で同等である。それを、諸国の武士団に頼朝の方が宗主であると認めさせるのに、頼朝は非常な苦心をした。北条時政はじめ、政治的センスに優れた家人に恵まれていたことも、頼朝に幸いした。義仲が最愛の嫡子を人質として頼朝にさしだしたということは、これについて最大の効果を発揮した。いかに対等のようにみえようとも、頼朝は源氏の嫡流中の宗主であり、義仲はその傍系にすぎないということを、天下の武士に宣明したことになったのである。上野武士や、井上光盛・村山義直などの信濃源氏、甲斐源氏の安田義定などが、いつとはなしに義仲のもとから離れていったのは、このことと無関係ではあるまい。『長門本平家物語』に、義仲が岡崎四郎らの頼朝の使者に対して「志水冠者をさし出しましょう。義仲が（鎌倉へ）行って、宿直《とのい》し宮仕《みやづかえ》するように思って下さい。義仲は一方（北陸道）を目指しているのは、（頼朝殿の）代官としてであります」と答え、志水冠者には「父義仲に仕えると思って、鎌倉殿の仰せにそむいてはいけない」といったと伝えている。義仲がこのような言を吐くはずはないが、この義高質子事件を世人がどのように評価したかがよくうかがえるではないか。

ところで、義仲の人物をよくあらわすエピソードがあるので紹介しておきたい。義仲が行家をかくまったことを頼朝が責めると、義仲は「行家殿にはかりに貴方を恨むことがあったにいたしましても、せっかく義仲をたよってきた人に対して、わたくしまでが薄情な待遇をすることはどうかと思ったので、（追い出さずに）一緒にいるだけです。（行家殿の心中はわかりませんが）義仲にかぎっては、貴方に含んだ感情など全くもっていません」と答えたという話が『平家物語』にのっている。わたくしは、おそらく義仲の真情を伝えたものと思う。義仲には、頼朝のようなやり方で、武家の棟梁の道を歩む意志はなかった。だから、肉親には肉親として対しえたのであろう。幼にして父を討たれたということでは、義仲も頼朝も同じである。しかしその肉親を思う心においては、両者は決して同一ではない。武家の棟梁としての欠点は頼朝以上に多いが、義仲は温い血の流れた人間であった。その点、頼朝の弟の義経と共通するところが多かったといえる。それにしても、叔父行家をおもうこと厚かった義仲・義経の両方とも、後になって、この行家に裏切られているのは、あまりにも悲しい運命といわねばなるまい。

平家の北陸快進撃

寿永元年（一一八二）は遠くへ兵を動かさずに、もっぱら都付近の紛争を静めるだけであった平家は、あくる二年は、一大決心のもとに全力を投入して、まず北陸道の義仲と対決せんとした。すぐる養和元年（一一八一）の遠征の失敗にかんがみ、このたびは前年から、明年の春には、一いくさするからと告知して準備にとりかかった。行く先々で兵を募るというのでなしに、平家の勢力圏から前もって動員したのである。清盛という大黒柱は既に亡くなったが、二十年にわたって政権の座にあった平家の力はまだ相当なものであった。北陸道と東山・東海道の諸国こそ若狭《わかさ》（福井県）・近江（滋賀県）・美濃（岐阜県）・尾張《おわり》・参河（以上愛知県）などの国々からしか馳せ参じなかったけれども、畿内・山陽・南海・西海道の国々からは多くの武士が上洛し、その勢は十万騎と称されるほどであった。

小松《こまつ》三位《さんみ》中将《ちゅうじょう》平維盛《これもり》・越前三位平通盛《みちもり》を大将軍に、但馬守《たじまのかみ》平経正《つねまさ》・左馬頭《さまのかみ》平行盛《ゆきもり》・三河守平知度《とものり》・淡路守《あわじのかみ》清房《きよふさ》を副将軍に任じ、越中《えっちゅう》前司《ぜんじ》盛俊《もりとし》・太郎判官盛綱・上総大夫判官忠綱《ただつな》・飛騨《ひだ》大夫判官景高《かげたか》・高橋判官長綱《ながつな》・河内《かわち》判官季国《すえくに》・武蔵三郎左衛門《ざえもん》有国《ありくに》・越中次郎兵衛《ひょうえ》盛嗣《もりつぐ》・上総介《かずさのすけ》忠清《ただきよ》・上総五郎兵衛忠光《ただみつ》・悪《あく》七兵衛《ひょうえ》景清《かげきよ》らの武将を侍大将《さむらいだいしょう》（部隊指揮官）にして、主だった武士三百四十余人をこれに加えて追討軍を編成した。この陣容から、平家一門のなみならぬ決意がうかがえるのである。

このたびの遠征軍には、往路に必要な兵粮《ひようろう》その他の費用を、通過する土地で徴発することが許された。いままでの戦いでも官軍に現地調達は行われたが、公然と掠奪することはもちろん厳禁で、なんらかの補償をするか、こっそり徴発したのであるが、このたびは公認された。ということは、既に平家は掠奪でもしなければ軍費をまかないきれない実情にあったからであろう。途中で出合う権門勢家の租税や官物でも一向平気で奪いとったというから、一般の庶民に対しては、もっと乱暴したことであろう。十万の大軍のすぎるところ、山川草木もみな枯れたにちがいない。

かくて馬首を北に向けて、京都を発ったのが寿永二年（一一八三）四月十七日、琵琶湖の東西両岸から進撃し、若狭を経て越前に攻め入ったのが、その二十六日であった。

義仲は、平家の大軍京を発すとの報を、越後の国府（新潟県直江津市）で開いた。直ちに信濃源氏の仁科《にしな》太郎守弘《もりひろ》を派遣するとともに、既に義仲に通じている加賀・越前の武士に命じて、越前の西南部燧《ひうち》ケ城《じよう》（福井県今庄町）の要害に防禦線を布かせた。平泉寺の長吏斎明《さいみよう》威儀師《いぎし》が大将となり、越前足羽《あすは》郡の稲津《いなず》新介《しんすけ》、藤原利仁《としひと》の後裔として加賀で威をふるっている林六郎光明《みつあきら》・富樫《とがし》入道《にゆうどう》仏《ぶつ》誓《せい》・倉光《くらみつ》三郎成澄《なりずみ》や匹田《ひきた》二郎俊平《としひら》などの一族がここで平家を迎えた。城は能美《のうみ》川と新道《しんどう》川（いずれも日野川の上流）の合流点に、山を背にして構えられた天険で、平家もこれを攻めあぐんだ。しかし、あまりの平家の大軍に怖れをいだいた総大将の長吏斎明威儀師は、遠い越後にいる義仲をあてにするよりも、目前の平家に内通することが身の安全と平泉寺を護る所以だと考え、ひそかに寄手《よせて》と連絡して城内を攪乱《こうらん》したので、たちまち陥落してしまった。たのみとする大将に裏切られ、加賀・越前の武士たちは退却に移ったが、途中ささえることができず、林六郎光明の嫡子今城寺光平《いまきでらみつひら》は、ついに討死するという敗北を喫した。

越前を捨てた加越の木曽軍は、加賀を確保しようとした。このころには石黒《いしぐろ》太

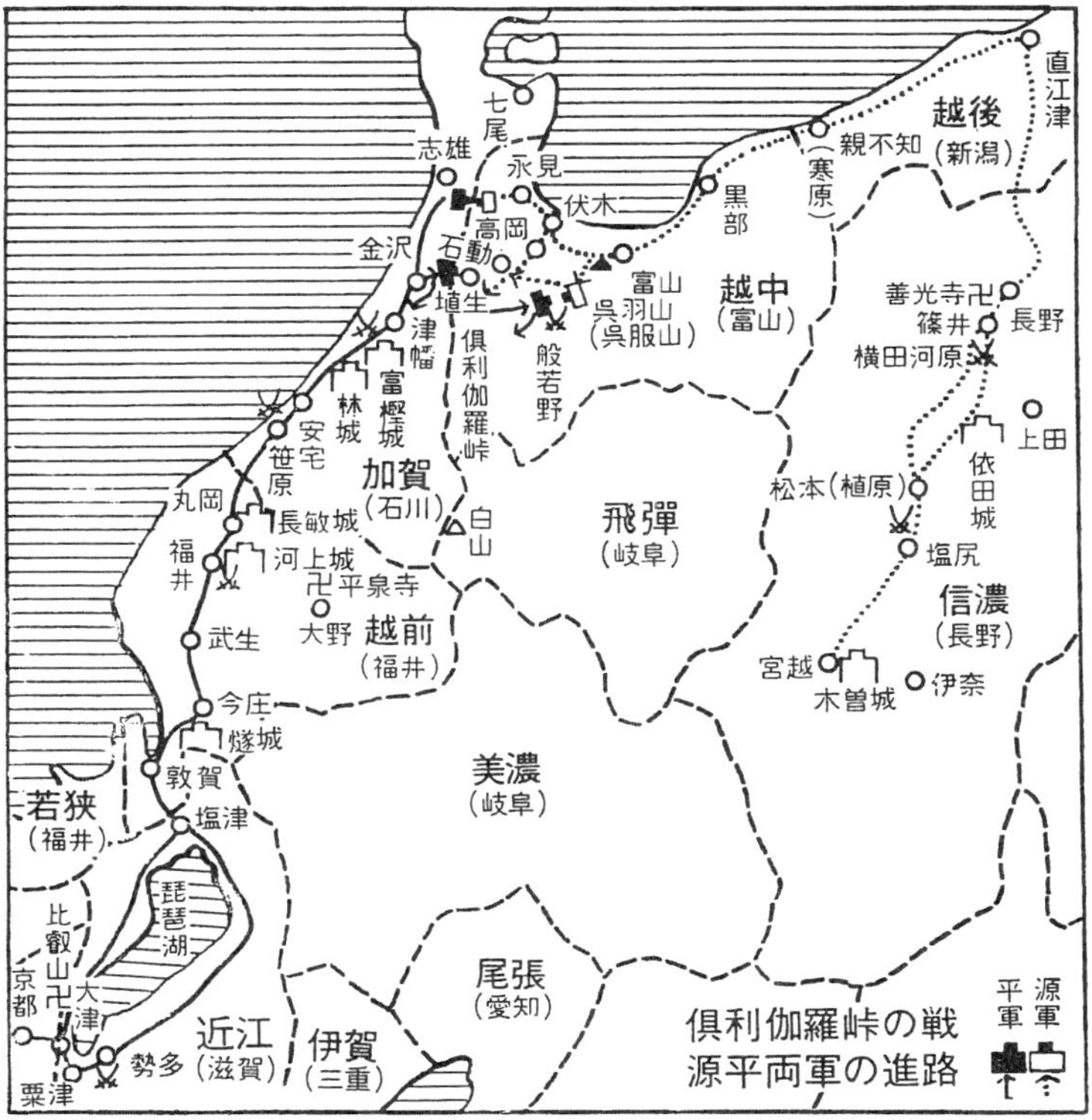

倶利伽羅峠の戦
源平両軍の進路

郎光弘《みつひろ》・高楯《たかたて》二郎光延《みつのぶ》・宮崎太郎・入善《にゅうぜん》小太郎など越中の武士団も馳せつけた。しかし、斎明を道案内として先頭にたて、勝ちに乗じて押し寄せる平軍をくい止めることはできず、五月二日には篠原《しのはら》（加賀市）・安宅《あたか》（小松市）の線も破られた。三日には手取川を越えた怒濤のような平軍は、林・富樫らの居館をすべて占拠してしまった。昭和四十年夏、松任町で発掘された住居址は平安末のものと推定されたが、火に焼けた形跡がはっきりしている。この遺跡は、林の本拠地内にある館址ではないが、おそらくこのときの兵火にかかった住家や付属屋が廃墟となってそのまま埋もれたものではなかろうか。木曽方の加賀武士は、手取川の上流、白山の峡谷深く身を隠し、越中武士団は、傷ついた身をかろうじて本国まで落ちて行った。加賀は、全く平家の赤旗で埋められたのである。

京都を発ってからわずか半月、越前はおろか加賀まで占拠できた維盛らの得意は察するに余りある。戦いの経験の薄い若い平家の公達《きんだち》らにとっては、驕《おご》り慢ずる心の忍びよるのは、あるいは無理からぬことであったろう。

ところで戦のはじまったのが四月二十六日であるから、一週間で越前・加賀を占領したことになる。これは、今までの平家の戦いぶりとくらべると、あまりにも鮮やかすぎる勝ちぶりの感がある。もちろん、富士川以来の度々の敗戦を一挙に挽回しようとする平家の決意が、なみなみならぬものであったことも原因であろう。また、それだけに今までのような場あたり的でなく、前年からできるだけの準備をしてとりかかったということも、大きな力となったと思う。しかしここで、平家の大軍を迎え討った加越の武士団の実力を検討してみる必要がある。『平家物語』に、平家は十万余騎、燧ヶ城にこもる木曽方は六千余騎とあるのは、両方ともに誇張があるが、圧倒的に平軍が多かったことは事実である。越前や加賀にも越中にも武士はかなりいたが、東国のような大武士団ではなくて、小武士団がほとんどであった。加賀河北郡の豪族井家《いのいえ》二郎範方《のりかた》は、安宅より潰走する木曽軍のなかで踏みとどまり、根上松《ねあがりまつ》（石川県寺井町）付近で討死したが、一族郎党全員ともに壮烈な最期をとげている。その全員とは主従あわせて十七騎であった。越中の豪族石黒太郎は、手取川で平家の先陣に駆入って越中前司盛俊の強弓で傷つけられたが、一族に助けられて危機を脱することができた。その一族とは兄弟あわせて五騎であったという。石黒党といえば、強大な兵力を有していたと考えがちであるが、歩《か》立《だ》ちのものを主要戦闘員とはみなさない当時の慣例からすれば、この五騎というのが実態に近いものであろう。石川郡の富樫は加賀で一、二を争う大武士団であるが、出陣したのは三十余騎の勢であったと伝えられている。このように、数百騎の勢を有する千葉・三浦・上総介のような大武士団は北陸にはいなかったので、富樫級でせいぜいのところ武蔵七党の私市《きさいち》・西《にし》・猪俣《いのまた》といった小武士団の兵力しかもっていなかったと考えてそう誤りはない。だから加越武士が集まって平軍を迎え討ったといっても、その実際は五、六十騎から数騎の力しかない小土豪の寄合世帯《よりあいじょたい》であるから、その戦力はそれほど高く評価するわけにはいかない。

裏切った斎明は、『源平盛衰記』によれば一千騎を率いていたという。この数にも誇張があると思うが、平安初期以来、朝野の尊崇の厚かった越前番場《ばんば》白山中宮の総師であるから、おそらく衆徒を含めて数百騎の兵を保持していたことは確実であろう。とにかく北陸ではとび抜けた大武士団であった。だからこそ義仲は、斎明を前線総司令官にしたのであろうし、他の北陸武士も文句なしにその指揮にしたがったのであろう。その最有力の斎明が平軍に降ったのであるから、木曽方の加越武士の統制も戦力もめちゃ苦茶になっても、仕様のないことであった。さきに触れた富樫党の大将富樫次郎泰家《やすいえ》は一族郎党はみな討たれるか傷ついたので、最後にはただ一騎になって逃げのびんとしたが、馬を射られて今はこれまでと思ったところ、折よく来合わせた安江《やすえ》二郎盛高《もりたか》の郎党の馬に助けられ、辛うじて逃げることができたといった惨めな敗戦になったのも当然である。なお『源平盛衰記』は、この富樫次郎を家経《いえつね》（泰家の父）としているが、それは泰家の誤りである。

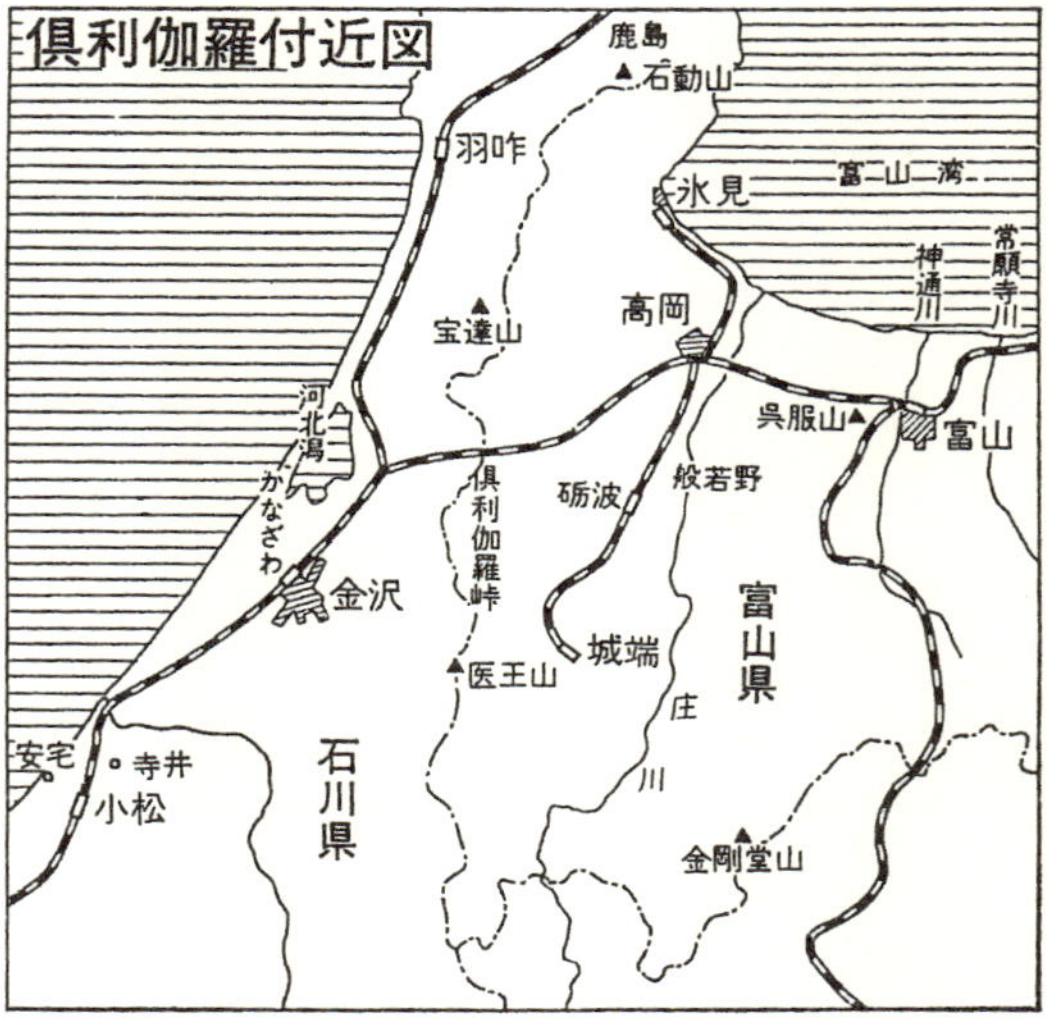

つまり、四月二十六日から五月三日に至る間の平軍の鮮やかな勝ちぶりは、平家が強かったがため

ではなくて、指揮官に裏切られた加越の武士があまりにも無統制におちいり、あまりにも貧弱な戦闘力しか持ち合わせていなかったからと思う。それをしも、すべておのれの実力の然らしめるところと錯覚した平家の公達こそ哀れである。質量ともに加越武士連合軍とは問題にならないくらい強大な義仲軍が、全く無傷のままでその背後にひかえていることに、もっと思いを至すべきであった。

般若野の衝突

越前・加賀の木曽軍の敗北を知らせる林光明の早馬が到着したとき、義仲はまだ越後の国府（直江津市）で出陣の準備中であった。それで本隊の出発に先立って、木曽四天王中でも、もっとも信頼する今井四郎兼平に、兵六千を授けて越中国（富山県）への急進を命じた。兼平はただちに親不知《おやしらず》の嶮を越えて越中に入り、またたく間に黒部《くろべ》川・常願寺《じようがんじ》川・神通《じんつう》川を渡って越中平野中央の要地婦負《ねい》郡御《ご》服《ふく》山に陣取った。おそくも五月八日のことと思われる。林光明の早馬をたてたのが三日であるから、五日間で準備・長途の行軍・陣地構築を完了したことになる。すこぶる迅速な行動といえる。

この御服山はいま呉羽《くれは》山といって富山市の西郊にあり、現在は公園になっている。その麓にある八幡神社は、翌払暁、兼平が出陣にさきだって戦勝を祈願した社といわれている。

一方平家は、加賀を席巻してほっと一息ついた。が、斎明が維盛へ具申した献策を容れて、越中前司盛俊に兵五千余騎を率いさせて、越中に急行させた。斎明の進言というのは、越中平野に木曽軍が殺到しては事面倒であるから、義仲の本隊が越後の国府を動くのにさきだって越中に入り、越中をこえた越後境の寒原《さむはら》（親不知付近）の険で木曽軍を阻止し、その間に越中を完全に平家の勢力圏にしてしまおうというのである。しかし越中境の礪波山《となみ》を越え小矢部川《こやべ》を渡って庄川《しょう》の岸辺に近づくと、既に前方の要衝御服山は、おびただしい源氏の白旗におおわれているのが認められた。やむなく盛俊は、庄川中流の般若野《はんにゃの》に陣を布かざるを得なかった。これも五月八日のことと思われる。兼平軍の行動にくらべると、盛俊軍の行軍距離は約三分の一であり、途中の障害物は礪波山と小矢部川ぐらいでこれまた半分以下である。それにもかかわらず兼平軍と同じ日数を要しているのは、おそらく出発までの数日が、兵馬の休養か斎明献策をめぐっての軍議などで空費されたのであろう。しかし、この数日は実に貴重な時間であった。

越前・加賀の前哨戦《ぜんしょうせん》では予想以上の成果をあげることができた平家ではあるが、いよいよ両軍の本隊が正面衝突をするというときになって、初めてその戦略に齟齬をきたしたのであった。

平家の赤旗が般若野にとどまって動かないのを見た兼平は、夜暗を利用してひそかに御服山を下り、庄川の線まで軍を進めた。かくて五月九日の夜明けとともに、平家の陣に突入、戦の幕は切っておとされた。不意をつかれた平家ではあるが、さすが名だたる侍大将であるだけに盛俊はよく陣容を立て直し、一進一退、容易に勝敗は決しなかった。当時にしては珍らしく戦は七、八時間にわたったという。が、午後二時頃から平家はようやく不利になり、二千有余の死傷者を出して小矢部川の対岸に退却した。そして、夜に入るとともに、盛俊は残余の兵をまとめ、倶利伽羅峠を越えて加賀へ逃げ帰った。

最初の戦略のつまづきは、まず今次平家の北陸遠征の最初の敗北となり、以後の連続敗戦につながったのである。

義仲の作戦

すぐる三月、嫡子義高を人質としてまで頼朝との危機を回避していたことが、義仲に幸いした。このたびの平家の総力を挙げての北陸進攻に対して、後方の安全を保証された義仲は、行家・義広の両叔父とともに、信濃・上野・越後の全精鋭をひきいて、心おきなく平家に立ち向うことができたのである。

先発した兼平につづいて、義仲の本隊も親不知を越え、いよいよ馬を越中に乗りいれた。さきの前哨戦で破れた林・富樫・倉光《くらみつ》などの加賀武士、土田《つちだ》・日置《ひおき》の能登武士、石黒・宮崎・河上の越中の土豪なども、この報を耳にし、残余の兵をひきつれて続々と義仲の陣に馳せ参じた。海岸寄りに進軍してきた義仲が越中の国府（伏木市）近くに到着したときには五万騎になんなんとするほどになったという。

義仲は、兼平がすでに般若野で敵の先鋒を撃破したことを聞いて大いに喜び、この上は、平家十万の大軍が倶利伽羅を越え、礪波平原に進出させては駆け合いの戦となり、兵力の多少で勝敗が決まることにもなりかねないと見てとり、信濃の保科《ほしな》党を先遣して、礪波山の越中側への降り口である日宮《ひのみや》林を占領させた。

一方、加賀で一息いれた平家は全軍を大手《おおて》、搦手《からめて》の二手に分けた。通盛・知度を大将に、上総介忠清、飛驒判官景家とさきに般若野で一敗地にまみれた盛俊らの侍大将以下の三万余騎を搦手として、宮越《みやのこし》（金沢市金石町）から河北潟《かほくがた》の北側の砂丘地帯を経て海岸沿いに能登国に入り、越中境の志雄《しお》山（羽咋《はくい》郡志雄町）にむかわせた。志雄山は、いまのどこにあたるかはっきりしておらない。大手は維盛みずから大将として、忠度・経正・清房らを中心に上総判官忠綱・河内判官季国・高橋判官長綱・武蔵三郎左衛門有国らの侍大将以下の七万余騎が、森本（金沢市）津幡《つばた》の北陸街道をひた押しに加賀・越中の境である礪波山を目指した。

礪波山は、北陸道が加賀から越中に入らんとする国境にある一帯の山をさす名で、最高峰は海抜二七七メートルの国見《くにみ》山である。北陸道が、この山中の国境を越えるところを倶利伽羅峠《くりからとうげ》という。源平両軍の主戦場となったのが、この倶利伽羅峠を中心とする地域であった。この山中には、古くから式《しき》内《ない》社の手向《たむけ》神社が鎮り、その神宮《じんぐう》寺として倶利伽羅竜王形の不動明王を本尊とする長楽寺《ちょうらくじ》の堂塔が甍《いらか》をならべていた。峠の名は、おそらくこの倶利伽羅不動に因《ちな》んで生まれたのであろう。古く奈良時代から北陸道の要衝であり今は国道八号線の舗装道路を高速の自動車が行き交うているが、それも降雪をみるとしばしばノロノロ運転で辛うじて通過する隘路《あいろ》である。『源平盛衰記』に、「谷ふかくして山高く、嶮難にして道細し、馬も人も行違《ゆきこ》ふこと、たやすからず。」と記しているのは、よく当時の面影を伝えるものであろう。

さて平軍が山上に達してみると、すでに越中側の麓の日宮林には、義仲軍の白旗が数十旒もひるがえっているのが認められた。急の下山は無理とみてとり、またこの山は四方が岩石だそうだから敵の別働隊が背後にまわることは、よもやあるまいと考えた維盛らは、昨日来の行軍に疲れた兵馬を休めようと、山上の長楽寺を中心に猿ヶ馬場一帯にかけて野陣を張った。すべてを英気を養った翌日の一気の進出にかけたのである。

平軍が礪波山に達したのが五月十一日の午後とおもわれるから、般若野の敗戦から二日後のことである。この二日間の義仲軍の行動は迅速をきわめた。礪波山の麓を占拠するだけでなく次にいうように、平軍の側方や後方深く各隊を潜入させている。これに反して平軍は、遅々とした動きしかみせていない。大手・搦手の二軍に分れて行動をおこしたのは、おそらく現在の金沢市付近と思われるから、そこから礪波山までは、わずか半日、おそくとも一日行程ぐらいしかない。それを丸二日要しているのである。かりに『平家物語』にしたがって、加賀の篠原（加賀市北郊）で勢ぞろえしたとしよう

（林・富樫の本拠は石川郡でいまの金沢市付近である。そこを三日に占拠した平軍が、ふたたび越前近くの篠原までずっと後退してから次の攻撃準備にとりかかったという不合理があるので、わたくしは、この『平家物語』の説はとらない）。それが五月八日だという。篠原から礪波山までは一日半かおそくも二日の行程である。だから篠原から行動をおこしたにしても、早ければ九日中、おくれても十日には礪波山に達するはずである。いずれにしても平軍の行動は遅く、義仲に万全の作戦を行う時間を与えたことには変りはない。

予想どおり平軍が礪波山上で停止したのをみて義仲は、わがこと成れりと心中ひそかに喜んだ。この時の義仲の布陣は諸書によってちがうが、わたくしは、『源平盛衰記』がよいと思うので、主としてそれによった。さきに叔父行家に矢田判官代義清・楯六郎親忠・海野弥四郎幸広らの信濃源氏を付した一軍を、志雄山から迫る平軍を押えるために氷見《ひみ》より能登にむかわせた。そののこりを六手に編成している。根井小弥太を将とした二千余騎は、松永のはずれから南黒坂を南方から敵に迫る。巴御《ともえご》前《ぜん》を将にした一千余騎は、その北にならんで鷲岳《わしがだけ》に向う。この巴御前は、中原兼遠の娘で兼光・兼平の妹に当る。義仲の妾で女ながらも木曽党のなかでもすぐれた勇武の女武者としての名が高かった。今井四郎兼平は二千余騎をひきつれて、石黒太郎らの越中武士とともに、日宮林を中心に礪波山の正面を東から攻める。余田《よだ》次郎・小室太郎・諏訪三郎などの信濃武士を中核とする三千余騎は、地の利に明かるい越中の宮崎太郎らを先導に、北黒坂を経て、倶利伽羅峠の北側面から近接する。樋口次郎兼光は弟の落合五郎兼行《おちあいごろうかねゆき》と三千余騎の大将として林・富樫の加賀武士の導きで、遠く礪波山の北を迂回して西のかた加賀の竹橋《たけはし》（津幡町）に出、真後から敵を挟撃せんとする。義仲は総司令官として埴生《はにう》に陣し、平家の真正面にぶつかる。その勢およそ三万、かくて布陣を終った義仲は、遠く竹橋に向った樋口軍が、敵の後方に迫る夜半を期して一斉に総攻撃をする手筈をきめた。

この日、義仲は本陣近くの森かげに見える社が、源氏の守護神、八幡社と知って喜んだ。早速、書記として陣中に連れていた大夫房覚明《たいふぼうかくみょう》に願文《がんもん》を書かせ、この埴生八幡宮に奉納させた。覚明は、かつて興福寺の学僧としてかなり文名が高かった。もとの名を最乗房信救《さいじょうぼうしんぎゅう》といい頼政挙兵のときに園城寺へ行き反平氏の行動をとったので平清盛に京都を追われ、東国へ逃れた。信濃の山中に隠れたが、義仲の挙兵にあって、そのもとに仕え、名も大夫坊覚明と改めた。大夫坊というのは、出家前に五位の蔵人《くろうど》であったことによるのであろう。信濃小県《ちいさがた》郡の豪族海野氏の出身であったともいわれているから、義仲の書記となったのは、一族の長海野弥四郎幸広の縁からかもしれない。いずれにしても、義仲麾下の文官としては、ほとんど唯一の人物で、義仲も頼りとしていた。

この時覚明の草した願文が、のちに「木曽願文」とよばれ、本朝三願文の一つといわれる名文だ。紹介しておこう。

帰命《きみょうちょうらい》頂礼、八幡大菩薩は日域《じちいき》朝廷の本主、累世明君の曩祖《のうそ》（先祖）なり、宝祚《ほうそ》を守らんがため、蒼生《そうせい》（衆生）を利せんがため、三身《じん》の金容をあらはし、三所《じょ》（八幡に祀られた応神天皇・神功《じんぐう》皇后・

比咩《ひめ》大神）の権扉《けんぴ》をおし開きたまへり。ここに頻年《しきりのとし》よりこのかた、平相国《へいしようこく》（平清盛）というものあり。四海を管領して万民を悩乱せしむ。これすでに仏法の怨《あだ》、王法の敵《かたき》なり。義仲いやしくも弓馬の家に生て、わづかに箕裘《ききゆう》（父の遺業）の塵《ちり》をつぐ。かの暴悪を案ずるに、思慮を顧みるあたはず。運を天道にまかせて、身を国家に投ぐ。試《こころみ》に義兵をおこして、凶器を退けんとす。しかるを闘戦両家の陣をあはすといへども、士卒いまだ一致の勇《いさみ》をえざる間、区《まちまち》の心おそれたる処に、今一陣の旗をあぐる戦場にして、たちまちに三所和光《わこう》の社壇を拝す（八幡三所の本地仏《ほんちぶつ》が光を隠して人間界に姿を現わした神社を拝した）。機感の純熟あきらかなり。凶徒誅戮《ちゆうりく》うたがひなし。歓喜の涙こぼれて、渇仰肝《かつごうきも》にそむ。なかんずく、曽祖父《そうそふ》前陸奥守《さきのむつのかみ》義家朝臣《あそん》、身を宗廟の氏族に帰附して、名を八幡太郎と号せしよりこのかた、門葉《もんよう》（義家の一門子孫）たるもの帰敬せずといふことなし。義仲その後胤《こういん》として首《かうべ》を傾けて年久し。今この大功をおこすこと、たとへば嬰児の貝をもって巨海を量《はか》り、蟷螂《とうろう》の斧《おの》をいからかして隆車《りゆうしや》にむかふがごとし。しかれども国のため、君のためにしてこれを発《おこ》す。家のため、身のためにしてこれを発さず。心ざしの至《いたり》、神感そらにあり。たのもしきかな、悦《よろこば》しきかな。伏して願くは、冥顕《みようけん》威をくはへ、霊神力をあはせて、勝つことを一時に決し、怨《あだ》を四方に退けたまへ。（原漢文）

埴生八幡は、いま護国八幡宮といい、北陸線石動《いするぎ》駅の西南約二キロ、埴生部落にある。農村のはずれに似合わないほど立派な社殿と境内を誇っている。江戸時代に加賀藩主前田家の尊崇が厚く、保護があったためだ。いまも「木曽願文」と称するものと、そのとき義仲が願文にそえて奉納した鏑矢《かぶらや》十三本のうちの残りの二本だといわれるものを襲蔵している。

倶利伽羅の合戦

義仲は埴生に本陣を置き、松永・松尾部落から、礪波山の越中口の正面である黒坂あたりまで先陣を進めた。これに応じて山上の平家も、先陣を黒坂口に進め下らして楯をならべて源氏に対したから、両軍の先鋒は数百メートルを距てて相対することになった。かくて戦いは十一日の日中から始まったのであるが、樋口兼光などの迂回軍が敵の後方や側方に廻り終える時間をかせぐことと、ひたすらに各方面軍が一時に突入する夜襲戦を企図している義仲は、敵の目と注意を、あくまでも義仲のいる正面の越中口にひきつけておくのに腐心した。

開戦合図の鏑矢を敵の先陣に射こんでからも、大部隊の移動はあくまでさけて、せいぜいで三十騎から五十騎ぐらいまでの小部隊を、いれかわりたちかわり繰り出して小競り合いの駆引をつづけた。敵が進めば退き、退けば進む。まんまとこの策にひっかかった平家は、義仲にも十一日中には決戦の意志はないと判断した。そして、日暮れとともに木曽軍の小部隊はすべて陣中にひっこみ、小競り合いの中止されたことを幸いと、すべてを明日の戦いに託して、平家の大軍は山上で露営の夢を結ぶことになった。

二十年間の都の生活ですっかり公家化した平家の公達らは、かつて正盛・忠盛・清盛らの父祖が得意とした夜戦を、遠い昔の夢物語にしてしまっていた。木曽の荒武者たちも〝戦は昼するものぞ〟と思っていると錯覚していたのであろうか。

日もとっぷりと暮れると、搦手や側方へ回った樋口や余田・根井ら各軍のあげる鬨《とき》の声を今やおそしと待っていた義仲は、やがて峰々谷々にこだまする法螺貝《ほらがい》や太鼓の遠雷のように腹にこたえる音を聞いた。しすましたりと義仲は、ただちに全軍に総攻撃の夜襲を命じた。かねてひそかに集めていた四、五百の牛の角に松明《たいまつ》を燃やしつけて、平家の陣へ追いこんだという義仲の火牛攻めは、源義経の鵯《ひよどりごえ》越の逆落《さかおと》しとならんで『源平盛衰記』を飾る有名な奇襲作戦であるが、それはこのときに行われたものだといわれている。

越中に面する東のかたから響くのならともかく、敵は正面の義仲だけだと思っていたのに、南・北の側面はおろか、後の西の方からも、三方から突如としておこった大喊声《かんせい》に露営の夢を破られた平家は、すっかり魂を失ってしまった。ただうろうろするばかりで、一つの弓に四、五人がつかみかかったり、馬に逆に乗って方向にとまどい、長刀《なぎなた》を逆に突いて自分の足を切るなど、信んぜられぬことが起った。すぐる治承四年（一一八〇）の十月三日の夜半、駿河（静岡県）の富士川の対陣で、水鳥の羽音を頼朝軍の来襲と誤っておこした大混乱が、またもやここに再現された。東の越中側は、義仲の

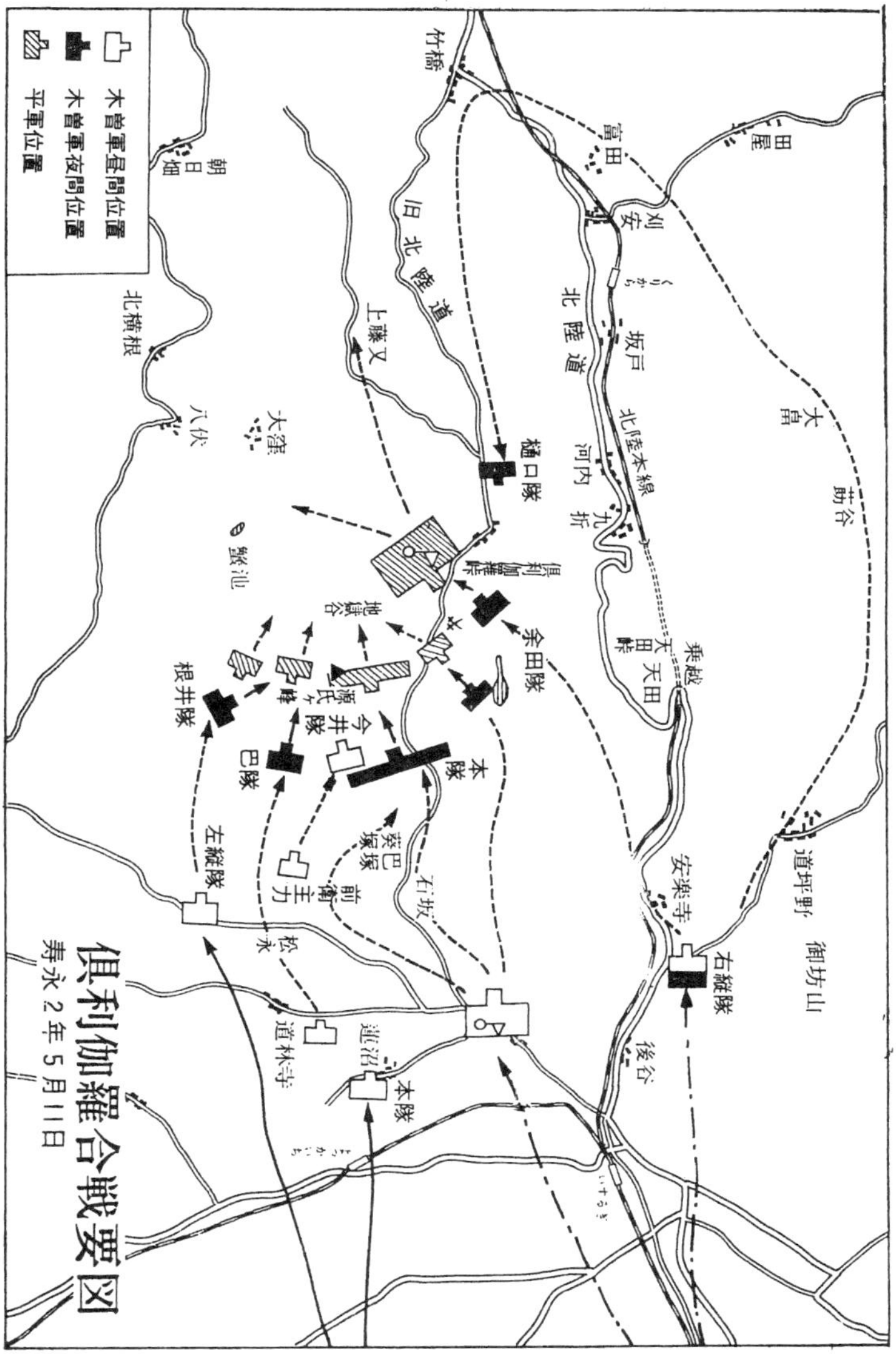
倶利伽羅合戦要図
寿永2年5月11日
木曽軍昼間位置
木曽軍夜間位置
平軍位置
竹橋
朝日畑
旧北陸道
北陸道
上藤又
北横根
八伏
大窪
鷲池
樋口隊
倶利伽羅峠
地獄谷
余田隊
根井隊
源氏ヶ峰
今井隊
巴隊
本隊
左縦隊
葵塚
巴塚
前衛
主力
石坂
松永
道林寺
蓮沼
本隊
富田
田尾
刈安
坂戸
北陸本線
河内
九折
天田峠
天田
乗越
安楽寺
道坪野
御坊山
右縦隊
後谷

ひかえる敵の正面である。西の方、加賀へ退却しようにも、思いがけずそこからも兼光の軍が北陸道をひた押しに押し寄せる。北の峰伝いに逃れようとしても、そこからもすでに余田次郎らの勢が錣《しころ》を傾けて迫ってくる。根井隊のおしよせる南の方の東よりのただ一角に、わずかに敵の寄せた気配のないところがあった。すっかり思慮を失って浮き足だった平家の軍勢は、「逃げるとは卑怯だ、引返して敵に当れ」と叱咤する大将の声も耳にいらず、一途にその方角さして逃れようとした。しかし、この残された一角こそ、闇につつまれて皆目わからなかったが、深く切りたった倶利伽羅谷であった。気づいた時にはすでにおそく、次から次へと平家の大軍は、深い谷底めがけて真っさかさまに落ちていった。『平家物語』の名文にきいてみよう。

大勢の傾《かたぶき》たちぬるは、左右《さう》なうとッてかへす事かたければ、倶利伽羅が谷へわれ先にぞおとしける。まッさきにすゝんだる者が見えねば、「この谷の底に道のあるにこそ」とて、親おとせば子もおとし、兄おとせば弟もつづく。主おとせば家子郎党おとしけり、馬には人、人には馬、落かさなり〳〵、さばかり深き谷一つを平家の勢《せい》七万余騎でぞうめたりける。巌泉血をながし、死骸岳《しがいおか》をなせり。さればその谷ほとりには、矢の穴刀の疵《きず》のこりて今にありとぞ承《うけたま》はる。

鬼気惻々《そくそく》として迫る。夜明けを待たず、平家の大軍は礪波山一帯から姿を消してしまった。予想もつかない大敗北を喫したのである。

いまも倶利伽羅山中には、あちらこちらに戦跡を伝える石碑がたち、平家の大軍がなだれ落ちた谷底は地獄谷《じごくだに》と呼ばれて、当時の惨状をしのばせる。平維盛が本営をおいたと伝えられる猿ヶ馬場の道端には、俳聖とうたわれた江戸時代の伊賀（三重県）の人芭蕉が、奥の細道の行脚の帰り「義仲の寝《ね》覚《ざめ》の山か月かなし」とよんだ句碑が立っている。

一方、志雄山の戦いはどうなったであろうか。ここでは行家・親忠らの力戦にもかかわらず、三万に対する一万の劣勢と、般若野の恥辱をそそごうとする越中前司盛俊軍の奮戦によって、平家に有利に展開していた。しかし翌十二日、維盛らの大手軍のみじめな敗報がとどくと、勝ちに乗じた義仲軍に包囲されることをおそれて退却に移った。あらたに増援軍を得た行家らは、これを追撃してここでも勝利を占めることができた。

それにしても倶利伽羅合戦の敗北は、平家にとって大打撃であった。数万の大軍が四散しただけでなく、名ある武将もあまた討死をとげた。上総大夫判官忠綱・飛騨大夫判官景高・河内判官季国らの侍大将も、倶利伽羅谷の露と消えた。志雄山の戦いでは、大将参河守知度（清盛の子）が討死している。

『源平盛衰記』は、知度は倶利伽羅の乱軍中に自殺したとか、次の篠原合戦に矢十二本を射立てられて壮烈な討死をとげたと記している。『保暦間記《ほうりやくかんき》』も倶利伽羅としている。しかしいずれも誤りで、知度は搦手の大将として志雄山に向かい、そこで討死した。また『源平盛衰記』は、樋口兼光が右《う》

兵衛佐為盛 (清盛の弟頼盛の子) の首をとったともしているが、これも誤りである。こののち七月の平家の一門都落ちに、為盛も同行したと記す『愚管抄』によるべきであろう。

大勝利の夜は明けて、十二日の朝を迎えた。義仲は神の加護のあったことの感謝をこめるとともに、今後の大業の成就を祈って、北陸武士の間で深く信仰されている白山比咩神《しらやまひめがみ》（石川県鶴来町）をはじめ各社に神馬や社領を寄進した。

ところで『源平盛衰記』や『長門本平家物語』によると、般若野の戦いのあった五月九日、越中の六動寺の国府に進出した義仲は、覚明に願文を草せしめて、白山妙理権現《はくさんみようりごんげん》に進めたといっている。白山妙理権現とは、加賀・越前・美濃《みの》（岐阜県）の三国にまたがってそびえる白山にやどる神で、とおく奈良時代以前から北陸一帯にわたって深く尊崇されていた神である。願文の内容を要約すると、「このたびの大業はひとえに国のため君のために、暴悪な平家を討とうというので、私心は一つもない。どうか白山権現の神威で義仲に平家を滅ぼさして下さい」というのであるから、さきに紹介した埴生八幡宮への願文と大差はない。ただここでは、義仲の願いが聞きとどけられて見事に平家を滅ぼすことができたならば、社壇を今まで以上に荘厳《しようごん》にするばかりでなく、加賀馬場《ばんば》の白山本宮、越前馬場の平泉寺（白山中宮）、美濃馬場の長竜寺《ちようりゆうじ》（白山本地中宮）にそれぞれ、「法華経を講ずる三十講の頭のことを勤仕《ごんし》するであろう」といっているのが新しい点である。

この義仲が白山権現に願文を捧げたというのは、おそらく事実であろう。そして、これは、義仲自身の崇敬心もさることながら、稲津・本庄・林・富樫・井家・土田・石黒・宮崎など多くの越前・加賀・能登・越中の武士が義仲の陣営に加わっているので、それらに対する配慮もあったと思う。ただわたくしは、この願文の捧げられたのは、倶利伽羅合戦前の五月九日ではなくて、その大勝利の十一日以後、はじめて馬を加賀の地に乗り入れ、白山の威容を直接目にしてからと考えている。すなわち十二日以後、戦勝を感謝して白山はじめ諸社の社領や神馬を寄進しているが、その折りに捧げられたものではなかろうか。わたくしは、五月九日は五月十九日の誤記ではないかと思っている。かなり細かい事実をのせている『平家物語』がこの戦いについては戦勝後の社領や神馬の寄進をのべるだけで、この願文にまったく触れていないのも、ますますこのように考えさせるのである。

勝利の蔭にひそむもの

義仲にとって、この倶利伽羅合戦の大勝は、治承四年（一一八〇）十月十八日の源頼朝の富士川の大勝利に匹敵する。あのとき頼朝は、勝ちに乗じて一気に攻め上り、京都と福原（神戸市）を衝こうとした。頼朝がやろうと思えばできたことであった。だが千葉介常胤《ちばのすけつねたね》・上総介広常《かずさひろつね》や三浦介義澄《よしずみ》などの有力な家人《けにん》たちが、いずれも異口同音に強く反対した。頼朝に、まず鎌倉にもどり、東国の地がためをすることを進言したのである。頼朝の成功は実にこのときの家人の諫言《かんげん》をよく聞き入れて、東国の経営に専心したことによると言っても言いすぎではない。

義仲の側近にも、今井四郎兼平・樋口次郎兼光・矢田判官代義清らをはじめとして、頼朝の千葉や三浦らに劣らない挙兵以来の有力な郎党・功労者はいた。かれらにも、おそらく義仲が信濃武士や越後武士、ことにはあらたに勢力圏内にはいってきた越中・加賀をはじめ能登・越前などの北陸武士との結びつきを、より一層密にすることを望む心はあったであろう。しかし、義仲が一日も早く都に入りたいという心を、押しとどめるほどの力量と見識をもっていたものはなかった。武勇の点においてこそ頼朝の家人に匹敵しえても、倶利伽羅の大勝にまどわされることなく、いったん越中で足をとめて地盤を固めることが先決であることに気づく具眼《ぐがん》に至っては、まったく雲泥の相違があった。

義仲が、雲のごとく起こり朝露のごとく消えていかねばならなかったのは、もちろん義仲自身に責のあることではあるが、腹心の部下に人を得なかったことも大きい。

伊豆の走湯山《そうとうさん》権現や箱根権現は、東国武士の間で深くあがめられていた。頼朝は挙兵以前から両権現と密接な交わりをしていた。兵を挙げるや両権現とも頼朝の身に加護があることを熱心に祈禱している。また早くから筑前《ちくぜん》の住吉《すみよし》明神の元神官の佐伯昌長《さえきまさなが》や太神宮祠官であった大中臣頼隆《おおなかとみのよりたか》らを招いて頼朝の祈禱師にしたり、はるかに伊勢神宮へ願文を捧げて神助を仰いでいる。こうした一連の寺社に対する保護と政策は、頼朝個人の信仰心を満足させるだけでなく、東国一帯の武士に、頼朝は、群小武家とはスケールの違うことを肝銘させたのである。神仏を畏《おそ》れる心の強かった当時の地方武士に、頼朝なればこそこうしたことができ、頼朝なればこそ神もわれわれには望み得ない加護を与えたまうのだとの感を深くさせた。

これに対して義仲には、このたびの遠征途上で、埴生八幡と白山権現に願文その他を寄せたことぐらいしか目につかない。本拠地の信濃では諏訪大社・戸隠《とがくし》明神・穂高《ほたか》神社・善光寺があり、北陸には弥彦《やひこ》・射水《いみず》・立山《たてやま》などの明神が鎮まっている。これらはいずれも古来より信仰篤い神社・仏閣で、その神威を畏れる心は、ここの武士にも例外なく強かった。しかし、この神々に対して義仲が、頼朝のような挙措《きょそ》に出たということを聞かない。伝説の上においても、西筑摩郡日義村の徳音寺が、寿永元年（一一八二）に義仲の創建したものだといわれているくらいである。ここにも、政権を確立するものと、できなかったものとの差を認めることができるであろう。

二月前に、嫡子義高を人質として、頼朝と一段差をつけられた義仲は、いかに外見上は華やかであっても、倶利伽羅合戦の大勝後の行動によって、さらにその差を大きくさせられていった。その勝利が鮮やかなものであればあるほど、その後の処置は慎重にすべきであった。

敗軍の集結

倶利伽羅谷の大勝で、義仲軍の意気は大いに上った。加賀・越中・能登の武士たちは四月末の燧《ひうち》ヶ城《じよう》の敗北からひきつづいての敗戦で、すっかり意気銷沈《しようちん》していたのであるが、ここに至って義仲に対する信頼感が、いままで以上に倍加された。林・富樫・石黒・宮崎らのこうした多くの北陸の土豪たちが、倶利伽羅以後の合戦において、別人のような目ざましい働きをとげているのは、おそらく、この義仲の武略を目のあたり見せつけられて、大いに鼓舞されたことと無関係ではないであろう。義仲は直情径行の自然児であるだけに、その戦術においても、短期決戦にはたしかに優秀な能力を発揮したのであった。信濃・越後の武士たちも、改めて義仲を頼もしい首領と仰ぎ見たことであろう。かくて、この勝利によって武名ますます上るとともに、義仲兵団の結束もさらに一段の固さを加えていった。

平泉寺の長吏斎明威儀師は、乱軍のなかで白山衆徒の悪僧をひきつれて暴れまわったが、ついにこのとき岡本次郎成時《なりとき》らに生捕りにされた。わずか半月足らず前、燧ヶ城に押し寄せた平家の大軍におびえて、大将の身でありながらもみずから敵に内通して越前・加賀の源氏方を撃破したときの斎明は、大いにその先見の明を誇ったことであろう。しかし、その得意はわずかの間だけで、またたく間に打ちくだかれた。北陸武士のなかで、誰よりも早く滅亡への道を歩んだのは、ほかならぬこの斎明であった。

大半の兵を礪波山に失った維盛らの平軍は、辛うじて囲みを破って後方へ逃れ、一日前に意気揚々と進んだ北陸街道を、孤影悄然と敗走した。そして河北潟の西端で海岸寄りの要衝である宮腰《みやのこし》（金沢市金石町《かないわ》）で、一応、敗軍の集結にあたった。礪波山の敗戦でせっかくの勝機を逸した搦手の盛俊らの軍も、志雄山から退却に移り、もときた道をたどって河北潟に出た。宮腰で大手の兵と落ち合えたのがせめてものなぐさめである。

しかし、その平家の陣営からは、参河守知度・飛驒判官景高・上総判官忠綱・河内判官季国らの姿はもう消えてしまっていた。が、とにかく義仲軍の追撃を警戒しながらも、ここに留まること十日あまり、敗残兵をまとめ得た維盛らは、宮腰は交通上の要衝とはいいながらも、義仲の本営とは距離も近く守るに適しない地と見てとって、五月二十五日、宮越の陣を引きはらった。さらに南のかた、手取川を渡った安宅・篠原の南加賀の線で、義仲軍の進撃をくい止めようとしたのである。

だがその兵力は、『源平盛衰記』によれば、北陸下向時の十万が三万騎に激減していたといわれている。七割近くの兵が、倶利伽羅の一夜で失われたことになる。しかも残った兵の大半は、いずれも矢傷、刀傷を負ったものばかりであった。

一方、礪波山を越えて加賀に入った義仲は、平岡野《ひらおかの》（金沢市西郊）に兵馬を駐《と》めた。ここから宮越まではわずか数キロしか離れていないが、義仲は直ちに平家の陣に襲いかからずに、平岡野を動かなかった。倶利伽羅合戦に至るまでの義仲の行動が敏速であっただけに、戦後のこの十数日間の緩慢な動きがとりわけ目にたつ。これについては、疾風迅雷《しっぷうじんらい》の勢いをもって敗残の敵をひきつづいて撃滅するというようなことは、当時の戦法ではまだ行なわれなかったのであろうと解する人もある。

こういった戦術上のこともあったろう。陣容の整備をはかる時間も、もちろん必要であったろう。また、平家の動静を見きわめようともしたにちがいあるまい。が、それにしても、乱れきった敵を数キロの近くにおいて、義仲ほどのものが十数日もじっと動かないでいたというのは、いささか異状である。これについてわたくしはこのように考えている。さきにわたくしは、義仲は直情径行の武将らしい武将であって、野心的な政治家的な要素はもちあわせておらないといった。しかし、倶利伽羅戦後のこの十数日間、義仲は義仲なりに真剣に考えこんでいたのではなかろうか。兼光・兼平らを中心とする股肱《ここう》の臣とも、将来のことをいろいろと談合していたのではなかろうか。その方針をきめるのに、十数日の期間が費やされたのではないかと思う。白山権現をはじめ加賀・越前の諸社に社領や神馬を奉納したのは、このときのことであるが、神社と地方の武士団が密接な関係にあった当時のことを思えば、単にこれを義仲の崇敬心から発したことだと片づけるわけにもいかない。もっと現実的な目標が義仲にはあったことと思う。

源頼朝は富士川の戦いで大勝したときに、このまま勢いに乗って上洛しようという心と、三浦・千葉・上総介はじめ部将たちの鎌倉へ復帰して東国経営に専心しろとの建言の間に立って悩んだ。義仲には、そうした建言をする部将はいなかったが、それによく似たことが義仲の心の中にも起こったかもしれない。そうでなかったにしても、上洛するためには、必要ないろいろな検討すべき事がらがたくさんあるはずだ。そうしたことを考え、相談し、決定していく。そのため十数日、義仲は平岡野を動かなかった、いや動けなかったのだと思う。

五月の中旬から下旬、外見的に静かだったのは北加賀の山野のみであって、義仲の心中は嵐が吹きまくっていたものと考えたい。それなればこそ、この嵐の方向をどこへ向けるかと一度決定してからの義仲の六月一日以後の行動は、また目を見はらせるものがあった。

篠原の挽歌

六月一日、充分に休養をとり整備しきった義仲軍は、矢叫びの響きもすさまじく、平家の屯《たむろ》する安宅・篠原の陣営へ襲いかかった。

この地は、南加賀の細長い海岸平野地帯にある。今江潟《いまえがた》・木場潟《きば》・柴山潟《しばやま》と三つの潟がつらなって、その三湖の水が梯川《かけはし》の下流にそそいでいるなかに包まれた天然の要害である。攻撃側は糸口を見つけにくいが、守る方にしてはまことに好都合のところであった。しかも、戦場は小起伏のつらなる砂丘と平原であり、戦いは倶利伽羅とはちがって昼のいくさであった。

この線で木曽義仲をくい止めねば、なんのために一大決心のもとに全兵力を投入して北陸へ下向したか意味がなくなる。不幸にして敗れるならば、平家の運命は完全に没落することになろう。さきの倶利伽羅合戦の恥辱を雪《そそ》ぐという意味だけでなく、文字通り絶体絶命のピンチに立たされたことを自覚した平軍は、死物狂いでこの線を確保しようとした。

しかし義仲軍には、このあたりの地理によく通じている林・富樫をはじめ、倉光《くらみつ》・匹田《ひきた》・安江《やすえ》などの加賀武士が加わっている。しかも彼らは、一ヵ月前とは違って、すぐる大勝によって勇気百倍しているのである。義仲より先陣を命ぜられた林六郎光明《みつあきら》は、かねてより勝手知ったる浅瀬をえらんで一気に梯川を押し渡り、敵の先鋒に突入した。

突破口を開いたと見るや、義仲は全軍に進撃を命じた。今井兼平・樋口兼光・落合兼行の兄弟をはじめ、楯・根井などの信濃の猛将、石黒・宮崎・高楯などの越中武士に、加賀武士団も劣らじと、わき目もふらずに安宅・篠原の陣営に切りこんだのである。戦いは凄惨をきわめた。互いに名を惜しむ武士は、正面から堂々と渡り合い、三百騎、五百騎の手兵が、七騎、六騎になるまで戦った。平家の侍大将、武蔵《むさしの》三郎左衛門有国《ざえもんありくに》は、仁科《にしな》・高梨《たかなし》などの信濃武士団五百余騎とおめいて戦い、三百騎の郎党がほとんど討たれて自分ただ一騎、敵中深く馳せこんだ。矢はすでに射つくし、乗っている馬も倒れたため、歩立《かちだ》ちになって太刀を抜いて奮戦していたが、ついに七、八本の矢を全身に射込まれて、立ちながら死んでいったという。

備中《びっちゅう》国（岡山県）の豪族、妹尾太郎兼康《せのおたろうかねやす》は、平軍中にとどろいた豪のものであった。が、ついに加賀の土豪、倉光三郎成澄《なりずみ》の手で生け捕りにされてしまった。また、治承四年（一一八〇）の石橋山の戦いで源頼朝に弓をひいた東国武士のなかには、頼朝が関東で覇《は》をとなえるや、故郷にとどまることができず、京へ上って平家に加わるものがかなりあった。石橋山での平家の将、大庭景親《おおばかげちか》の弟の俣野五郎景久《またののごろうかげひさ》や浮巣三郎重親《うきすしげちか》・真下四郎重直《ましものしろうしげなお》の兄弟、あるいは伊東九郎祐氏《いとうすけうじ》・斎藤別当実盛などはその代表的なものである。彼らはあげてこのたびの北陸下向に従軍していたのであるが、東国で人に知られて武名が現われているものだけに、華々しく戦っていずれも討死をとげている。なかでも斎藤別当実盛の最期は、次に述べるように、まことに壮烈であった。

かくて、倶利伽羅合戦の傷手《いたで》をうけた敗残兵の集結にしては平軍もよく戦ったのであるが、正午ごろから戦いの幕の切って落された戦場にようやく暮色がおおうころには、ついに潰滅し平軍の姿は全く認めることができなかった。打ち棄てられた赤旗や屍も、黒ずんだ松蔭の闇の中に呑みこまれていった。

斎藤別当実盛

斎藤別当実盛の家は藤原利仁《としひと》（平安中期の鎮守府将軍）の後裔といわれ、代々越前に住んでいた。利仁の母が越前の豪族の出であった関係から、その子孫は北陸一帯にひろがって栄え、林・富樫などもみなその流れだといわれている。

実盛は武蔵国長井《ながい》に移って、源為義・義朝に仕えて源氏の家人になったが、義朝が平治の乱で滅びたのちは平氏に仕えていた。平維盛が源頼朝を討つために東下した治承四年の際にも従軍したが、このたびの木曽征討軍にも、維盛の陣営に加わって北国へ下ったのである。

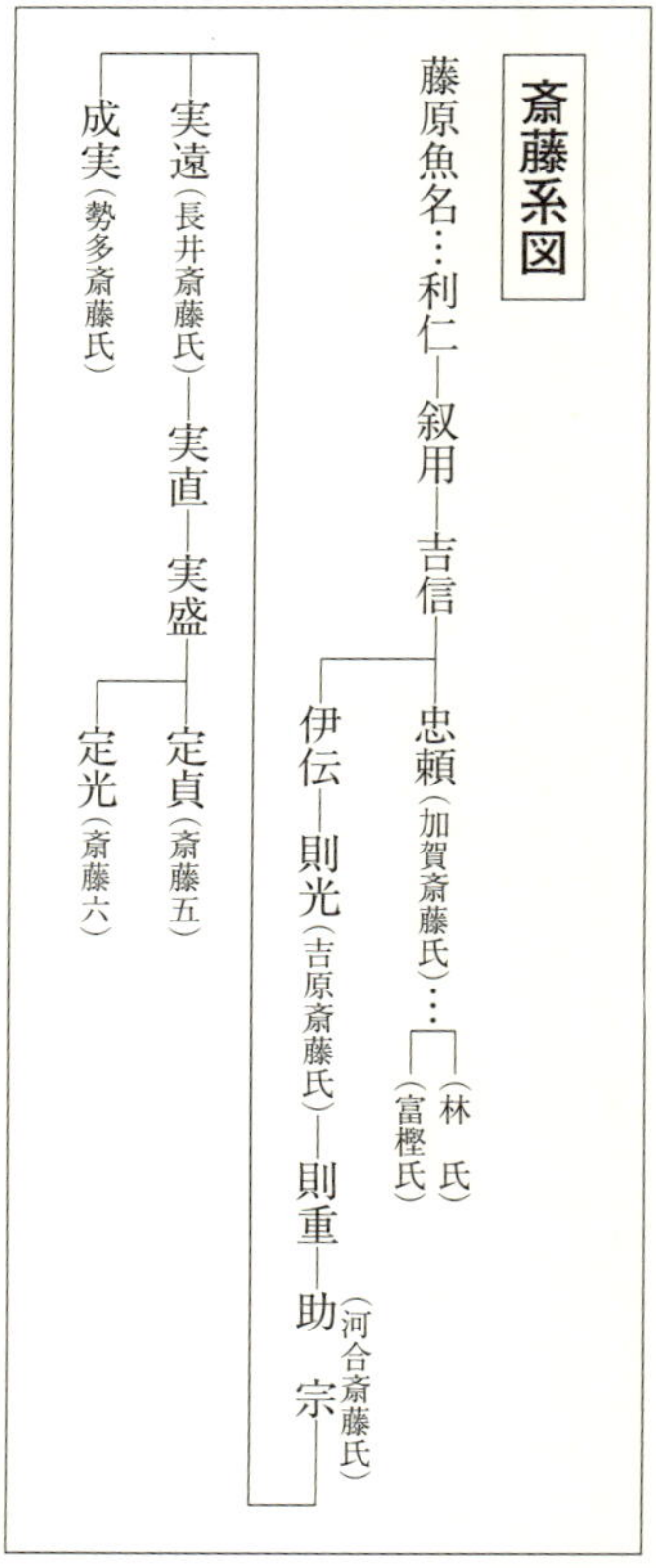

当時、すでに七十を越す老武者《おいむしや》となっていた（『保元物語』によれば、保元元年〈一一五六〉に三十一歳とあるから、この寿永二年〈一一八三〉は五十八歳となる。いまは『平家物語』や『源平盛衰記』にしたがっておく）。これが最後の戦いになろうと思った実盛は、いつまでも一介の武士にしかすぎない身があわれになった。北陸には一族に連なるものが多い。その故郷へ最後の戦場を求めた実盛は、屍を曝《さら》す北陸の地へは、せめて侍大将のつける錦《にしき》の鎧直垂《よろいひたたれ》（大将が鎧の下に着る衣服）を着《つ》けたいと思い、北陸下向に先立って平宗盛《むねもり》に願い出て許された。

老武者ではあったが、実盛はさすが若いときから坂東で鍛えただけに、平家の若武者にまじりながらもそれらに劣らぬ働きを示しながら篠原の合戦まで見事に戦い続けてきた。しかし、平家の最後の運命をかけたこの六月一日の篠原の戦いも、総崩れとなっていった。味方は次々に討たれ、傷つき、わずかに生きのびたものも、踏みとどまることはできず、ひたすら落ちていく。実盛はここが生命の捨て場所だと考えた。そして、敗走する平軍のなかから、ただ一人で引き返して戦場にふみ止まったのである。

これが木曽軍の目につかぬはずはない。信州諏訪明神の神官金刺《かねざし》氏の一族で、義仲挙兵の当初からその陣営に参加していた手塚太郎光盛《てつかのたろうみつもり》は、けなげなる好敵手だと馬を馳せつけた。光盛は、当時の慣例である名乗りをあげて戦いを挑んだが、実盛は「汝を見下げるつもりではないが、存ずる旨があるので名乗りはしない」といっただけで、組みあったすえ、討たれてしまった。

実盛を討ったものの、光盛は奇妙なものと戦ったと思った。当時のいくさの習いでは、ただ一騎で戦うのは一介の武士にすぎない。侍大将ならば必ず郎党がついている。しかし実盛はただ一騎で戦ったから普通の武士らしいが、侍大将の錦の鎧直垂をつけている。だが郎党は一人も側についていなかった。

光盛の不思議に思ったのは当然であった。しかも名乗り合わないのも異例である。義仲にそのまま事情を話して首実検に供したが、義仲はかつての命の恩人の面影を記憶していたのであろう。直ちに斎藤別当実盛と判断した。しかし、幼年期に助けられたときでさえ実盛はゴマ塩頭の半白であったのに、いま目の前にある首が黒髪であることに不審を抱いた。しかし、樋口次郎兼光の言にしたがって首を洗ったところ、ことごとく白髪となり、まさしく実盛の首級とわかった。義仲は、この不運な恩人の死に涙しつつ、塚をきずいて手厚く葬ったという。

実盛が白髪を黒く染めたのを兼光が知っていたことについては、つぎのような話が伝えられている。

樋口兼光は、これより前から実盛と交情を重ねていたが、そのある日のことである。実盛がしみじみと、

「六十の坂を越してから戦いに出るときは、髪を黒く染めて、若者のようなふりをして出陣したいと思っている。その理由は、老人が若者たちと先陣を争うのも大人気《おとなげ》ないし、かといってまた、老武者めがと人々に侮られるのも、まことにしゃくであろう」

と語ったことがあった。樋口はそれを「弓矢とる身は、なにげないところでの発言でも、いざという時のために用意しておくものだ」といたく感じて、心に留めておいた。それをいま思い出したからであった、というのである。

斎藤別当実盛の心情、これが、いわゆる源平時代の武士の、兵《つわもの》の道であったのであろう。これより五百年の後、江戸時代のことであるが、松尾芭蕉が奥の細道の行脚《あんぎや》に篠原の古戦場を訪れたとき、

むざんやな甲《かぶと》の下のきりぎりす

と、手向《たむ》けの句を捧げている。これこそ、万斛《ばんこく》の思いをのんで北陸の野に屍を曝したこの老武者の、まさに魂魄《こんぱく》の慟哭《どうこく》といってもよいのではなかろうか。

安宅から篠原に至るそのかみの古戦場は、今はすっかり開かれてしまって、昔の面影は全くない。東寄りには飛行場がひろびろと伸びていて、ジェット機の発着がはげしい。西の方は、砂丘の小起伏がすっぽりと芝生におおわれてしまい、大きなゴルフ場になっている。その真中を、観光道路が白々と貫いて、バスや自動車がいたずらに排煙を吹きつけて通りすぎる昨今の有様である。

かつて数万騎の源平両軍が、矢叫びと血煙をあげて馳せちがえた面影をしのぶものは、どこにも残っていない。ただその片すみに、忘れられたように小さな池がある。この松林ごしに葦を生やしている小さな池は、かつて実盛の首級を洗ったとされる「首洗池」の伝承をもつものである。また、その討死の地といわれる小丘には塚が営まれて、その上には老松がただ一本、枝をひろげて松籟《しょうらい》をかなでているにすぎない。

なお、古戦場に近い小松市の多太《ただ》神社には、いまも義仲の納めた願文と実盛の屍に残した兜・錦の断片、それに矢であったといわれるものが秘蔵されている。おそらく後世の人が、このときの戦いに託して作ったものと思われるが、このうちでは兜は名品であって、重要文化財に指定されている。

木曽武者と「かり武者」

かつて斎藤実盛が、源平武士の比較論を平維盛にいったという有名な話がある。それは治承四年の富士川の対陣を前にしたときのこととされているから、直接には、頼朝のひきいる坂東武者と維盛の配下の西国武者との比較の話であった。

ところで、このたび北陸へ下った平軍は、大将も前と同じ平維盛で、中心をなしたのもこれまた同じ西国武者であったが、平家が敵とした義仲軍は、前のような坂東武者ではなくて、信濃武士や北陸武士であった。こうして相手はちがったが、しかし、ここでも源平両軍の質の違いは、あまりにも歴然としていた。

高橋判官長綱《たかはしほうがんながつな》は、平家の名だたる侍大将であった。篠原の戦いでは、木曽軍中の猛将四天王の一人、樋口次郎兼光とその弟、落合五郎兼行のひきいる三百余騎と戦った。長綱は、そのとき五百余騎と敵に倍する軍勢をひきつれていたのであるが、しばらくもみ合っているうちに、高橋長綱の軍勢は、国々からの「かり武者」であったので、この重大な局面においてほとんど一騎も踏みとどまることがなくて、われ先にと戦場から逃げていった。と、このように『平家物語』は伝えている。

誇張はあるにしても、長綱の兵は、その気力においても武力においても、樋口兄弟の軍勢よりは劣っていたことは事実である。それは、長綱の兵というのは、長綱と死生をともにしようという一族郎等家の子から成る軍ではなくて、諸国からの「かり武者」がほとんどであったからだ。この『平家物語』にある「かり武者」というのは、文字通り諸国から徴集したのを兵士としたものを指す言葉であって、もちろん、平家との間に、主従関係が結ばれていたから戦いに参加したような武者ではない。

中央政府や国府（地方の政庁）の命令で徴発されて、いやいや従軍していたものである。平家の軍勢が、すべてこういった「かり武者」であったとは思えないが、それにしても、指揮をする平家の公達や侍大将とのつながりが全くなく、弱くて役に立たなかったものが相当にあった。平家十万と号するが、その中に、こうした「かり武者」が多数いたことを思うと、その戦力は、数字ほどには高くなかったのは当然であろう。

寿永二年（一一八三）の春、平家は北陸征討のため兵士を徴発したのであるが、その徴発に対して、平家の足元の山城《やましろ》（京都府）の南部の荘園の住民たちが、「弓矢や刀などを持たぬわれわれまでを、四分の三まで徴発するとは」と嘆いていることで、その全般を推しはかることができるであろう。こうしたものであったから、折りがあらば故郷へ帰りたいの思いが常に働いてくるのは無理からぬことであろう。したがって、ひとたび味方の旗色が怪しくなれば、われ勝ちに逃げ出しても仕様のないことであった。

さきの高橋判官長綱は、結局このときに討死するのであるが、そのありさまを、『源平盛衰記』は次のように述べている。

長綱は、気だけは強く張りつめていたが、味方がみな逃げてしまって背後が手薄になったので、とうとうただ一騎で退却していった。それを見つけたのが、越中の土豪、宮崎太郎の嫡子入善《にゆせん》小太郎《こたろう》行重《ゆきしげ》である。行重は、よい敵だとばかりに打ってかかった。しかし、まだ十七歳の弱冠で、長綱のような歴戦の勇士にはかなうことができず、とうとう組み敷かれてしまった。ところが、組み敷きながらも、小太郎がわが子と同年と知った長綱は、首を討つことをためらっているところへ行ろき合わしたのが、小太郎の伯父、南保《なんぼ》次郎家隆《いえたか》であった。南保は、すは甥の一大事とばかり、上になっている長綱を鎧の合目《あわせめ》からつき刺し、その首を討ってしまった。と、助けられた小太郎は、いきなり伯父のとった長綱の首をひっつかむと、義仲の本陣めざして駆けだした。伯父の南保が、その後を追いかけたのはいうまでもない。

　義仲の前へ進み出た小太郎は「敵の侍大将高橋判官長綱を、この入善小太郎行重が討ち取りました」と、言上した。南保は、「いや、本当に討ちとったのはわたくしです」と抗議する。事情を聞いた義仲は、行重に、小太郎が討ったと言い張る理由をただすと、「小太郎が、高橋判官と上になり下になって組んで、ようやく高橋は小太郎を組みしいた。そのとき高橋は、もう疲れて弱りきっていた。そこへ伯父が傍から飛び出してきて首を討ったのだから、伯父は、完全に自分だけの力で長綱を討ったのではない。もとを尋ねれば、小太郎が組み打ちをして高橋を弱らせたからである。だから、この手柄は小太郎のものである」と、答えた。義仲は結局、小太郎と南保の両方に恩賞を与えたという。

　現在のわれわれからみれば、小太郎のいうところは屁理屈である。また、あまりにも自分勝手な言い分であろう。しかし、功名の前には伯父もなければ甥もなかった。武士の生きるうえからは、肉親の情も長幼の序も無視するというのが、この時代の兵《つわもの》の習いであった。

両方ともに神妙なり、弓矢取れば角《かく》こそ心を懸《か》くへけれ。

と義仲がいったのは、よく義仲軍の気風をあらわしている。

こうした木曽武者と「かり武者」の争い。これが寿永二年の春、北陸の山野にくりひろげられた源平合戦の主役であったのだ。

勝敗は、おのずから明らかであろう。

平軍帰洛

平家の大軍潰滅すとの報は、いち早く京都へ伝えられた。朝廷の実力者であった右大臣九条兼実《くじょうかねざね》は、当時の模様と肝をつぶすような公家たちの驚きを、日記『玉葉』に次のように記している。

六月四日、伝え聞く、北陸の官軍（平家）、悉《ことごと》くもって敗績《はいせき》す。今暁飛脚《ひきゃく》到来す。官兵（平家）の妻子など、悲泣極まりなしと云々《うんぬん》（いうことである）。このこと去る一日（六月一日）と云々。早速の風聞疑ありといえども、六波羅《ろくはら》（平家の政庁）の気色（様子）こと損ずと云々。五日、前飛驒守有安《さきのひだのかみありやす》来る。官軍敗亡の仔細《しさい》を語る。四万余騎の勢、甲冑《かっちゅう》を帯《たい》するの武士、わずか四、五騎ばかり、その外過半死傷す。その残りみな悉く物具《もののぐ》（武装）を棄て、山林に交《まじ》り、大略その鋒《ほこ》を争う甲兵ら、あわせもって討取《うちと》られ了《おわ》んぬと云々。盛俊・景家・忠清ら——已上《いじょう》三人、彼の家（平家）第一の勇士等なり—おのおの小帷《かたびら》に前を結びて、本鳥《もとどり》（髪を束ねたところ）を引きくだして逃去る。希有《けう》にして存命するといえども、僕従一人も伴わずと云々。およそ事の体直《ただ》なることにあらず。誠に天の攻めを蒙《こうむ》るか。敵軍（木曽義仲軍）わずかに五千騎に及ばずと云々。彼の三人の郎等、大将軍等、権威を相争うの間、この敗ありと云々。今日、院（後白河法皇）より召あり。北陸の官軍敗績の事（善後策）を定められんがためなり。然れども病と称して参らず。重きにあらずといえども、稠人（多くの人）の出仕に及ばざるの故なり。（原漢文）

また、のちには権大納言《ごんだいなごん》にまでなった藤原経房《つねふさ》は、負けるはずがないと信じていた平家の大敗を耳にして、すっかり取乱した京都の空気を、『吉記』に

六月四日、北陸のこと、世間嗷々《ごうごう》としていまだ定説をきかず。

五日、北陸の官軍等、敗北必然の由、実説あり。縦横の説（いろいろのデマ）記すに益なし。

六日、北陸のこと、驚き存ずるの由、前内府《さきのないふ》（前内大臣平宗盛）方へ示し入る。朝（国家）の大事に依りてなり。追討の間のこと、人々に仰せ合さるべし。敗軍など今日多く入洛（京都へはいる）すと云々。


と、記している。『平家物語』が、その麗筆にのせて、

去《さんぬる》四月十七日、十万余騎にて都を立《たち》しことがらは、なに面《おもて》をむかふべしともみえざりしに（誰も手むかいできそうにもみえなかったが）、今五月下旬（六月上旬の誤）に帰りのぼるには、其勢《そのせい》わ

づかに二万余騎、流をつくしてすなどる時は（漁をすると）、おほくの魚を得といへども、明年に魚なし。林をやいて狩る時は、おほくの獣《けだもの》を得といへども、明年に獣なし。後を存じて（将来のことを考えて兵士を）少々はのこさるべかりけるものをと申す人々もありけるとかや。

これ（上総介忠清・飛驒判官景家）をはじめて親は子におくれ、婦は夫にわかれ、およそ遠国《おんごく》近国もさこそありけめ、京中には家々に門戸を閉て、声々に念仏申おめき叫ぶことおびただし。というのこそ、まさに平家をはじめとする都の人々の感慨と、わが世の終りの近づいたことを覚《さと》った悲哭《ひこく》とを、如実に示すものといえるであろう。

じつにこのたびの北陸遠征は、平家の命運と全兵力を賭《か》けた大バクチであった。しかしながら、維盛・通盛らをはじめとする一門の精鋭が、かり武者までを総動員した十万余騎をひきつれて首途《かどで》してからわずか一ヵ月半、ふたたび京洛の地を踏んだ諸将のなかからは、三河守知度・讃岐守維時《さぬきのかみこれとき》・飛驒大夫判官景高（景家の子）・上総判官忠綱（忠清の子）・高橋判官長綱・武蔵三郎左衛門有国・河内判官季国などの名だたる武将たちの武者振りは、もはや永久に認めることができなかった。しかも、ようやくたどり着いた兵《つわもの》は、どの顔をみても、疲労と汚穢《おえ》でドス黒くゆがめられ、その戎衣《じゆうい》には、敗戦の垢が深くこびりついていたのである。

越中前司盛俊・飛驒判官景家・上総介忠清の三人はとくに武勇にすぐれ、天下に名のひびいていた平家三勇士と讃《たた》えられたほどの、侍大将であった。その彼等ですら、薄い汚れた単衣《ひとえ》一枚を縄で結び、髪をふり乱したままで帰り着いたといわれている。他は、おおよそ察することができるであろう。

平家の総帥宗盛は、その剛腹さにおいて亡父の清盛に劣り、慎重さにおいてはこれまた亡き兄重盛に及びもつかなかった。もっとも平凡な性格の持主であっただけに、この難局に直面しても為すところを知らなかった。だが、周章狼狽したのは、この宗盛を中心とする平家一門ばかりではない。公家たちもみな同様であった。平家の専横を憤りながらも、ともに二十年にわたって廟堂《びょうどう》に列していた公家たちは、まだ見たこともない木曽の田舎武者よりは、やはり平家の公達《きんだち》に親近感をもっていた。それに、まだ源氏は京洛の地に姿を見せてはいない。現実に京都にいるのは、衰えたりとはいえ、まだ武力を有し、高位高官にもつらなっている平家である。平家の危機は、かれら公家にとっても、同じように危機であったのである。

しかしながら、だからといってこの危機に際して、いったい公家は何をすることができたであろうか。

九条兼実は、後白河法皇が、北陸へ向った官軍（平家）が空しく都へ帰ってきたが、これからはどうしたらよいであろうかと尋ねられたのにたいして、ただ、

百千万のこと、叶《かの》ふべからず。ただ天下落居の時（世の中が落着いたら）、徳化を施《ほどこ》すべきの由、法皇の叡慮《えいりよ》より起りて、御願を立てらるべきなり。この外他の計《はかりごと》、一切叶ふべからず。（『玉葉』）

と、答えるよりすべがなかった。

院では、それから以後毎日のように、義仲降伏のため、五壇法や延暦寺《えんりやくじ》の千僧読経《どきよう》、仁王会《にんのうえ》などの祈禱、伊勢神宮・石清水八幡宮以下十社への奉幣使《ほうべいし》の発遣、十社百座仁王講、桓武天皇陵などへの山陵使《さんりようし》の任命に狂奔するのである。

木曽義仲京都へ迫るの飛報に、平家の一門には絶望の暗雲が、院をはじめ公家一統には恐怖の思いが、重くたれこめたのであった。

義仲北陸で大勝すとの報は、鎌倉へもいち早くとどいた。義仲にこの戦果をもたらしたのが、二月前の和議成立のためであることを知っているだけに、頼朝はどんな思いでこの報告を聞いたであろうか。

一方義仲は、予期したこととはいいながら、行動を起すや予想通りの成果を収めることができて、おそらく非常な満足を覚えたことであろう。が、それにも増して麾下の軍勢は、さらにその意気をあげたにちがいあるまい。もうこうなっては、加賀にとどまって地盤を固めようというような思いは、義仲にも部下の将士にも一片もおこらなかったものと思う。文字通り勢いに乗じた義仲軍は、怒濤のように越前に駒を進めたのであった。

義仲上洛

大夫房覚明

義仲の生涯のことをふりかえった場合、その生活をささえた大きな柱として、樋口次郎兼光や今井四郎兼平などの乳母子《めのとご》があったことを見逃すことができない。この乳母子は、義仲の公私両面の生活にわたって大きな支えとなっていたが、いま一つ、わたくしは、大夫房覚明の存在も忘れてはならない重要なものと思う。

大夫房覚明は、兼光・兼平兄弟のように木曽に住んでいて、幼少のときから義仲とつながりがあった人物ではない。蔵人道広《くろうどみちひろ》というのがもとの名であって、勧学院《かんがくいん》の学生であった。のちに奈良の興福寺《こうふくじ》の学僧となって、名も最乗坊信救《さいじょうぼうしんぎゅう》といった。『和漢朗詠集私注《わかんろうえいしゅうしちゅう》』などを著わし、かなり学僧としての名も知られている。治承四年（一一八〇）の以仁王《もちひとおう》の変のとき、王は園城寺《おんじょうじ》から叡山・奈良の大寺院にそれぞれ援助を求める書状を発せられた。そのとき興福寺は、王の旨を奉ずる返牒《へんちょう》をさし出したのであるが、その文中に「清盛は平氏の糟糠《そうこう》（かす）、武家の塵芥《じんかい》」という文句があった。のちにこれを見た清盛は大いに怒り、その草筆者が信救であることを知って、早速とらえて死罪におこなおうとした。信救は、身をもって奈良を逃げ出て東国へ落ち、信濃へ来て木曽義仲に祐筆《ゆうひつ》（書記）として仕えた。大夫房覚明と名のるのは、このときからである。

『源平盛衰記』によれば、覚明が義仲に仕えたのは東国へ逃げる途中で、美濃国で源行家の陣所へ出た。そこから、行家の導きにしたがって義仲のところへいった、といわれている。しかし、後ののであるが、信州更級《さらしな》郡の康楽寺《こうらくじ》の縁起によると、信救の俗姓は海野氏で父は信濃守幸親といったと伝えている。その真偽はわからないが、それでも、覚明は海野氏の一族にゆかりをもったものという可能性は強い。海野氏は信州小県郡の豪族で、その当主弥四郎幸広《やしろうゆきひろ》は、義仲の木曽谷の旗挙げ当時からそのもとに馳せ参じていた。わたくしは、頼朝とはちがって義仲には、覚明のような種類の人材を積極的に求めていた形跡は認められないし、また『源平盛衰記』にいうような事情であったとすれば、行家が自分のところへ留めるのならともかくも、治承四年のこの当時では、頼朝に紹介しなくて義仲のもとに紹介したというのも不自然と考えられる。それで、おそらく海野氏とのつながりから、義仲のもとに仕えたのであろうと思っている。

とにかく、義仲と覚明との関係は、治承四年以後、つまり義仲が二十七歳にして平家討伐の旗をかかげてから後に始ったものである。したがって両者の交りは、元暦《げんりゃく》元年（一一八四）正月に義仲が戦没するまで、約三年余り続いたことになる。

ところで頼朝には、流人時代から、武士以外に「京都下りの遊び人」といわれた人物や、伊勢神宮に関係をもつ神官などが側近にいた。箱根権現や走湯権現の房たちも、頼朝のよい相談相手になっている。東国に地盤を築いてからは、大江広元《おおえのひろもと》や三善康信《みよしやすのぶ》のような、下級公家ながら有能な人物が幕僚になって、政治顧問には人を欠かなかった。しかし義仲の側近には武将のみで、この種の人物には全く恵まれていない。ただ一人、この大夫房覚明があるのみである。

覚明のことを『平家物語』には義仲の「手書《てか》き」とし、『吾妻鏡』には「右筆《ゆうひつ》」と書いているが、おそらく単なる書記であったのではないであろう。あれほどの学識をもっている人物であるから、人材に乏しい義仲の幕僚中で頭角をあらわさないはずはない。こうした人物を積極的に求める識見に欠けていた義仲にしても、現に目前に近仕する覚明の才能は識別し得たと思う。文献上ではもちろんのこと伝承のうえにおいても、信濃から上野・越後にかけて勢力を伸ばしている時期の間は、戦いのこと以外の事蹟はほとんど残していない義仲が、寿永二年（一一八三）になって越中から北陸一帯に進出してくるときになると、突然のように埴生《はにう》八幡や白山権現への願文を捧げることや、諸社寺に所領その他を奉納する事象が数多くあらわれてくる。この場合、覚明は願文の単なる筆者としてしかあらわれていないが、こうした所業は、義仲の発意によって行われたのでなく、おそらく覚明の献策であったのではなかろうか。

わたくしは、覚明が義仲に仕えてから一、二年たって、ようやくその才能と識見が義仲にわかってきたのだと考えたい。覚明の影響が、ようやくこのころから義仲にあらわれてくる。だからこそ、いままでの義仲の行動には全く見られなかったことが、突如あらわれたという形をとったものだと思う。こういった種類の行動がもつ政治的な意味、それがいかに偉大なものであるか、ある場合には、戦いに勝つということ以上に強力なものであるかということを識別する能力は、不幸にして義仲はじめ側近の武将にはなかった。その欠陥を、ただ一人で補っていたのが大夫房覚明であった。

その能力が最大限に発揮された事件が間もなく起こってくる。

山門工作

安宅・篠原の戦いで、再度完膚なきまでに平家をたたきつぶした義仲は、六月上旬、意気揚々として越前の国府（福井県武生市）に馬を進めた。そして、ここから京都までの道には、小競合いはあるにしても、もはや組織だった平軍の抵抗はないと見きわめ、今後の作戦行動の大綱を決定するために、一族郎等の主だった部将を集めて評定を開いた。

このとき、義仲のもっとも気懸りとなったのは、山門《さんもん》と呼ばれていた比叡山延暦寺《ひえいざんえんりゃくじ》（滋賀県大津市）の動向である。この山門というのは、延暦四年（七八五）最澄《さいちょう》がはじめて比叡山に登り、同八年比叡山寺を創建したが、弘仁《こうにん》十三年（八二二）円頓戒壇が許されて延暦寺の勅額を賜ってからは、王城の鬼門《きもん》（東北）の護りとして朝野にあつく尊崇された。その有する寺領、寄せられた荘園は全国にひろがり、山内においては、東塔・西塔・横川《よかわ》の各堂坊は無量三千と称されるほどで、宗風は天下を風靡していた。しかも正暦《しょうりゃく》四年（九九三）円珍《えんちん》派が分れて園城寺《おんじょうじ》に移り、いわゆる寺門《じもん》と呼ばれ、山門・寺門の対立するころから、大衆《だいしゅ》と称する数千の僧兵が常時たむろするようになってきた。

律令政治が乱れた平安末期は、しばしば源氏や平家の武力が最後には物をいうことが多くなったが、当時の武士団の直接握っている兵力は、三浦・千葉・上総介といった東国の大武士団でも、単独ではせいぜい数百騎どまりである。中・小の武士団は、五、六十騎から十騎内外の兵力しかもっておらない。しかも武士といっても、ほとんどの武士団は、この小規模な中・小武士団であった。こうしたことを考えると、一寺院が、単独で数千の僧兵を擁しているというのが、当時においては、いかに絶大な威力をもつものとして怖れられたかがわかるであろう。

南都《なんと》・北嶺《ほくれい》と併称されて、延暦寺・園城寺・東大寺・興福寺が朝野にはばかられたり、これと手を結ぶことが熱心に企図されたのは、その宗教上の権威や莫大な寺領・荘園を背景とした経済力のほかに、こうした大武士団の大連合にも匹敵しうる武力をもっていたことを見逃してはいけない。

したがって、その勢いに対しては、院政時代（平安末期）の専制君主であった白河上皇（後白河法皇の曽祖父）をしてさえも、

「朕《ちん》の意のままにならぬものは、双六《すごろく》の賽《さいころ》と加茂川《かもがわ》の水と山法師（延暦寺の僧兵）である」

と、嘆かれたといわれているが、それほどの勇猛と威力をもって天下に鳴りわたっていたのである。寿永二年(一一八三)の当時においても、その威力においてはいささかも減じてはいなかった。加えるにその地たるや、東のかた近江から京都に入るためには、どうしても通らなければならない瀬多《せた》川から大津を経て山科《やましな》に至る道の、喉首を押えるような絶好の戦略地であった。

すでに京にあって二十年にわたって政権の座にあった平家は、多少のいざこざはあったにしても、延暦寺との関係はだいたい密接である。その平家を見捨て、全くいままで無縁であった義仲と積極的に手を握るなどとは、とても考えられない。山法師たちは、平家と同心であるという風聞の高いのは当然であった。琵琶湖の湖上を進むにしても、また湖岸沿いの道を行くにしても、叡山が本気で義仲軍の進出を止めようとするならば、少々ことは厄介になる。瀬多の渡しで妨害されるだけでも、かなり日時を空費させられるであろう。長期戦になることは、ここまできては、遠路を攻めのぼってきた義仲軍にとってはやはり不利であった。

もちろん平家の大軍を撃破した現在の義仲には、充分の武力はあった。そして義仲自身にも部下の将士にも、もし叡山と事をかまえても、それを踏み破って京都にはいる自信は充分にあったであろう。しかしそのためには、数百年にわたる法燈を伝える霊場を、馬足で踏みにじったという汚名をこうむることは免《まぬが》れない。そういうことをしたのでは、治承四年(一一八〇)の五月、以仁王の挙兵によって園城寺を討ち、その十二月には畿内の反平家勢力掃蕩《そうとう》のため、清盛の命をうけて南都討伐にむかった平重衡《しげひら》（清盛の子）が、大仏殿をはじめとして東大寺・興福寺の堂塔・房舎をことごとく劫火《ごうか》に燃え上がらしたのと、なんらかわることがない。この南都焼打ちに象徴される平家の悪業を打ち滅ぼすことをスローガンの一つとしてかかげている義仲にとって、これはなんとしてでも避けなければならないことであった。

山門相手のいくさは、やさしそうにみえて案外むずかしい。これには、義仲もハタと困った。義仲自身もそうであるが、たびたび触れたように、武勇一点ばりの部下の猛将たちも、こうした高等政策は苦手中の苦手であった。この対策を講じられるもの、それは義仲側近中においては、大夫房覚明をおいて他にはない。義仲は、覚明が、

「山門の衆徒は数千いるが、必らずしもみな同じ意見をもっているとは限らないであろう。すべて気持が一致しているとは思われない。平家に同心しようという僧兵もいるが、あるいは、源氏の味方をしようという衆徒もいると思う。まずこちらから手紙を出して、先方の意向を打診したらどうでしょう。その返事によって、きっと叡山の内情がわかると思います」

というのに、一も二もなくしたがった。そして、直ちに牒状《ちようじよう》を出すことになった。つい最近まで興福寺にいて叡山や園城寺の事情にも通じている覚明は、ある程度の成算はもっていたにちがいない。

覚明は、十分に義仲の意を体して見事な牒状を草し、これを山門に送った。六月十日のことである。

覚明は、保元以来の平家の悪逆を挙げることから筆を起した。

義仲つらつら平家の悪逆を見るに、保元平治よりこのかた、ながく人臣の礼を失ふ。しかりといへども、貴賤《きせん》手をつかね、緇素《しそ》足をいただく（僧も俗も平家の足下にひざまずいている）恣《ほしいまま》に帝位を進退し、飽くまで国郡を虜領《りよりよう》す。道理非理を論ぜず、権門勢家を追捕し、有罪無罪をいはず、卿相《けいしよう》侍臣を損亡す。その資財を奪取ってことごとく郎従にあたへ、彼《かの》庄園を没取して、みだりがはしく子孫にはぶく（分与する）。

このような、私利私欲のために権勢をほしいままにした平家は、ついになかんずく去《さんぬる》治承三年十一月、法皇（後白河法皇）を城南の離宮に移し奉り、博陸《はくりく》（関白藤原基房）を海城の絶域に流し奉る。衆庶物いはず、道路目をもつてす（庶民は口に出してはいわないが、道行くものは目を見合わせて平家の横暴を嘆いた）。しかのみならず、同《おなじき》四年五月、二の宮（以仁王）の朱閣をかこみ奉り、九重《ここのえ》の垢塵《くじん》をおどろかしむ。

と、後白河法皇をはじめ第二皇子の以仁王の身辺にまで野望の魔手をのばしてきた。これは、何故に平家討伐の軍が各地に起ってきたかの理由は、すべて平家自身のこれまでの行動にあったことを主張しているのである。かくて第二段において覚明は、

ここに帝子（以仁王）非分の害をのがれむがために、ひそかに園城寺へ入御の時、義仲さきの日に令旨を給るによって、鞭をあげんとほつする処に、怨敵巷《ちまた》にみちて予参（参上にあづかる）道をうしなふ。近境の源氏なほ参候せず、況《いわん》や遠境においてをや。しかるを園城は分限なきによっ

て（力をもたなかったので）南都へをもむかしめ給ふ間、宇治橋にて合戦す。大将三位入道頼政父子、命をかろんじ、義を重んじて、一戦の功をはげますといへども、多勢の攻《せめ》をまぬかれず、形骸を古岸の苔にさらし、性命《せいめい》を長河の浪にながす。令旨の趣肝に銘じ、同類のかなしみ魂をけつ。是によって東国北国の源氏等をのをの参洛（上京）を企て、平家をほろぼさんと欲す。

と、義仲が北陸に兵馬を進め、頼朝が東国に旗を上げたのは、決して源氏の平家にいだいている私怨のためではなくて、以仁王の令旨に応えんとする大義名分にもとづいたものであると力説した。これは、もし山門が以下に述べる義仲の要求を拒むならば、以仁王に象徴される朝命に背くことになるぞと警告する伏線である。つづいて、

義仲、去《いん》じ年の秋、宿意（かねていだいていた志）を達せんがために、旗をあげ劒をとつて信州を出でし日、越後国の住人城《じょう》四郎長茂《ながもち》、数万の軍兵を率して発向せしむる間、当国横田河原にして合戦す。義仲わづかに三千余騎をもつて、かの兵《つわもの》を破りおはんぬ。風聞ひろきに及で、平氏の大将十万の軍士を率して北陸に発向す。越州・賀州・砥浪《となみ》・黒坂・塩坂・篠原以下の城墩にして数ヶ度合戦す。策《はかりごと》を帷幕《いばく》の内にめぐらして、勝事《かつこと》を咫尺《しせき》のもとにえたり。しかるを討てば必ず伏し、攻むれば必ずくだる。秋の風の芭蕉を破るに異ならず、冬の霜の群ゆうを枯らすに同じ。是ひとへに神明仏陀《ぶつだ》のたすけなり。さらに義仲が武略にあらず。

というのは、義仲の武略でなくて天佑神助があったからだと謙遜しているが、百戦百勝の木曽の実力

吉川弘文館 新刊ご案内

〒113-0033・東京都文京区本郷7丁目2番8号　振替 00100-5-244（表示価格は税別です）
電話 03-3813-9151（代表）　ＦＡＸ 03-3812-3544　http://www.yoshikawa-k.co.jp/

2016年7月

桶狭間から姉川・長篠・石山合戦、本能寺の変まで。
一次史料から見えてくる天下統一戦争の実像！

信長軍の合戦史 一五六〇―一五八二

日本史史料研究会監修
渡邊大門編

桶狭間の戦いから本能寺の変まで、天下布武をかかげ戦争を繰り広げた織田信長。信頼性の高い一次史料を用いて信長軍の合戦を解説。戦いの経過だけでなく、戦前・戦後の戦略的評価にも目を配り、信長の戦争の本質に迫る。

四六判・二一六頁／一八〇〇円

天下統一を支えた〝海賊〟たち―。彼らはどのように生き、解体されていったのか。

豊臣水軍興亡史

山内　譲著

天下統一をめざす秀吉は、瀬戸内の海賊衆来島《くるしま》村上氏や伊勢海の九鬼《くき》氏らを味方につけ、水軍（船手衆）として重用した。九州・小田原攻めや朝鮮出兵で活躍した「海上軍事力」としての彼らを通じ、豊臣政権を見直した好著。

四六判・二八〇頁／二三〇〇円

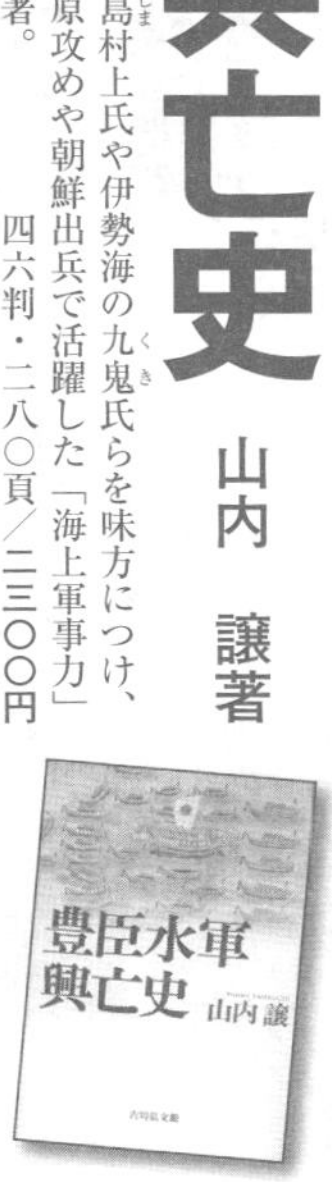

松之助、沢正、阪妻、伝次郎、千恵蔵…。

銀幕の〈サムライ〉たち

「時代映画」の誕生 講談・小説・剣劇から時代劇へ

彼らの憤怒と反抗、義理と慕情。観客の熱気、批評家の思索。

大正末期～昭和初期、時代映画は世相を反映し魅力を開花させていく。時代背景も登場人物も現実からほど遠い時代映画が、なぜ観客を魅了したのか。代表的作品の脚本や映像を分析し、講談・小説・剣劇との関係を探る。

岩本憲児著
A5判・四〇八頁
四五〇〇円

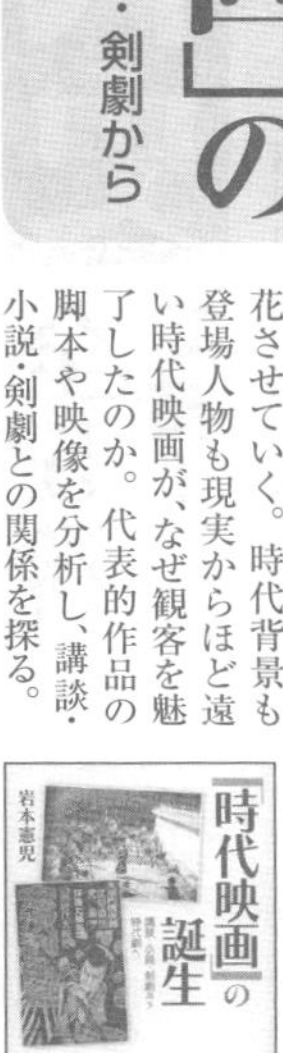

の歴史像を描き出した二大シリーズ！

東北の古代史 全5巻 完結！

〈企画編集委員〉熊谷公男・柳原敏昭

四六判・平均二七八頁・原色口絵四頁／『内容案内』送呈

各二四〇〇円

●最新刊

④三十八年戦争と蝦夷政策の転換

鈴木拓也編

〈最終回配本〉本文二九六頁

奈良時代の末、東北は本格的な征夷の時代に突入する。三十八年におよぶ戦争は、北上盆地を制圧して終結し、蝦夷と国家との関係は新たな段階を迎える。交流・災害・信仰にも注目し、アテルイとその後の東北を描く。

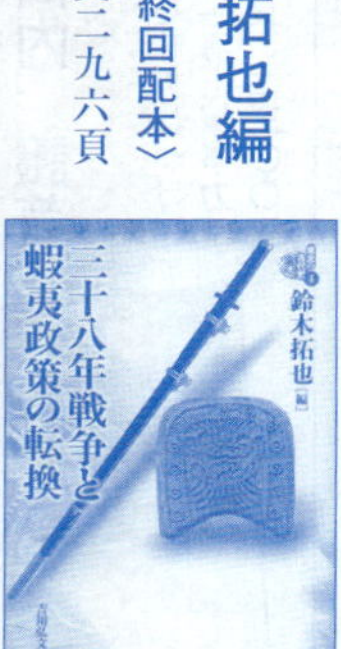

【好評既刊】

①北の原始時代

阿子島 香編

東アジアの中で独自の発展を遂げた、東北文化の夜明けを描く。本文二六六頁

②倭国の形成と東北

藤沢 敦編

古墳文化と続縄文文化、異なる文化が対峙した東北の歩み。本文二四四頁

③蝦夷と城柵の時代

熊谷公男編

蝦夷社会と古代国家との接触、交流と軋轢…東北の転換点を描く。本文二八四頁

⑤前九年・後三年合戦と兵《つわもの》の時代

樋口知志編

『陸奥話記』『奥州後三年記』から描き出す古代末期の大激動！ 本文二九四頁

東北のルーツを見つめ直し、新たな〝北〟へ

東北の中世史

全5巻 完結!

〈企画編集委員〉柳原敏昭・熊谷公男

四六判/各二四〇〇円 『内容案内』送呈

全5巻の構成

❶ 平泉の光芒 柳原敏昭編 二八二頁・原色口絵四頁〈2刷〉

❷ 鎌倉幕府と東北 七海雅人編 二五六頁・原色口絵四頁

❸ 室町幕府と東北の国人 白根靖大編 二七〇頁・原色口絵四頁

❹ 伊達氏と戦国争乱 遠藤ゆり子編 三一二頁・原色口絵四頁

❺ 東北近世の胎動 高橋充編 二六〇頁・原色口絵四頁

世界遺産平泉。みちのくに一大都市はなぜ生まれたのか。中尊寺、毛越寺に代表される仏教文化が栄えた原動力は。清衡の草創、基衡の苦悩、秀衡の革新、そして滅亡へ、中世東北の扉を開けた平泉藤原氏の実像に迫る。

奥州合戦をへて東北は鎌倉幕府の支配に帰す。ただし在来の勢力もまた幕府権力の中へ根を張っていく。政権内の政争を反映した所領の展開、交通や人々の生活の様相など、幕府の盛衰と軌を一にした鎌倉時代の東北を描く。

南北朝の争いから室町幕府と鎌倉府の対立へと至る政情不安。東北でも、北畠顕家や奥州管領、篠川公方などの諸勢力が相争った。そうした不安定な時代を生き抜いた地元の国人たちと、東北社会の実態を多面的に描き出す。

戦国期の東北は一時の停戦・和睦を除き、常に戦争が繰り広げられていた。伊達氏の登場から奥羽仕置まで、陸奥・出羽の大名・領主らの動向と各地の争乱を描き、その居城や領地、民衆の生活まで東北の戦国社会が甦る。

豊臣政権による東北大名処分である「奥羽仕置」以降、近世へと至る時代の潮流に、東北の地域社会はいかに向き合ったのか。伊達政宗と蒲生氏郷の拮抗、〝北の関ヶ原〟長谷堂合戦など、激動する東北の転換期を描き出す。

歴史文化ライブラリー

●16年5月～7月発売の6冊

四六判・平均二二〇頁　全冊書下ろし

人類誕生から現代まで／忘れられた歴史の発掘／常識への挑戦／学問の成果を誰にもわかりやすく／ハンディな造本と読みやすい活字／個性あふれる装幀

426 自由主義は戦争を止められるのか 芦田均・清沢洌・石橋湛山

上田美和著

個人の信条から政治・経済政策まで多岐にわたる自由主義。〈寛容〉と〈自律〉が対立する戦時下での芦田・清沢・石橋という自由主義者の苦闘を探り、「自由主義は戦争を止められるのか」という現代がかかえる問題に迫る。

二四〇頁／一七〇〇円

427 化粧の日本史 美意識の移りかわり

山村博美著

化粧にはおしゃれ、みだしなみのほか、身分や年齢、未既婚などを示す機能もあった。メイクアップの変遷をたどり、流行の背景を社会現象とともに探る。美意識の変化やメディア戦略にも触れつつ、化粧の歴史を描きだす。

二三八頁／一七〇〇円

428 近代日本の就職難物語 「高等遊民」になるけれど

町田祐一著

高学歴ながら定職に就いていない「高等遊民」。彼らはいかに生み出され、社会はどう向き合ってきたのか。日本特有の「縁故」採用の実態をはじめ、当時の就活戦線を描く。今日も続く過酷で理不尽な就職事情の歴史に迫る。

二三八頁／一七〇〇円

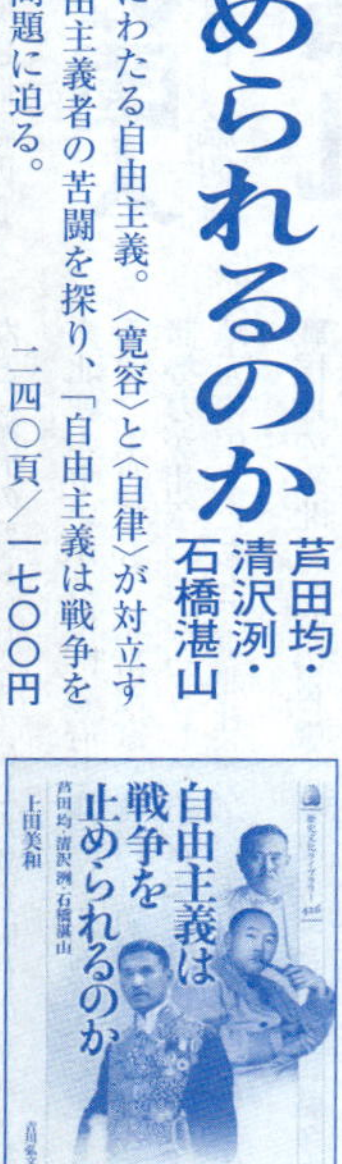

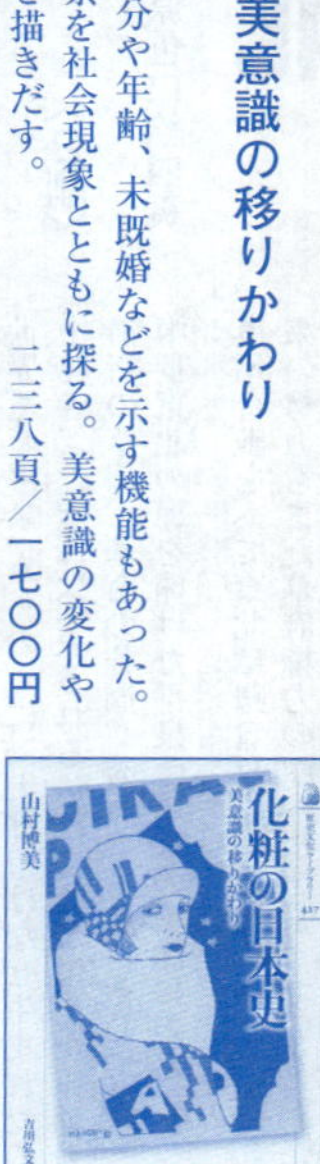

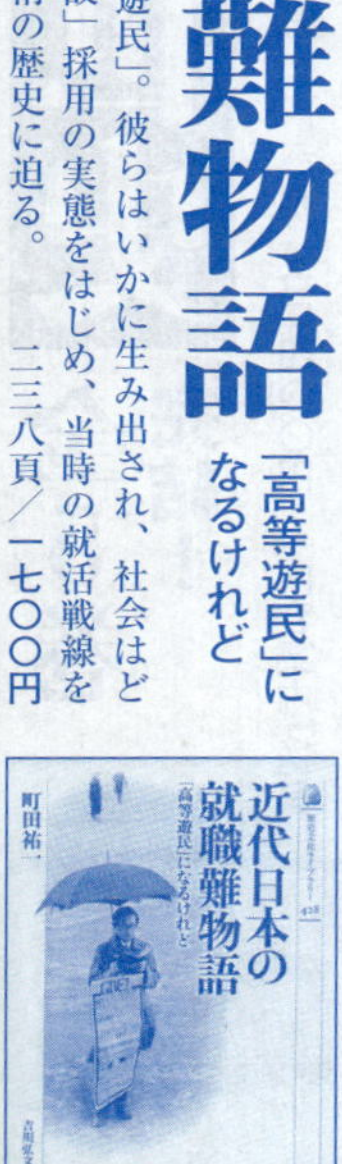

429 大元帥と皇族軍人 大正・昭和編

小田部雄次著

日露戦後よりアジア・太平洋戦争終結にいたる、天皇を大元帥とした軍事システムの全盛から崩壊までを描き出す。天皇と皇族軍人の同調と不和の構図を追い、軍事大国の絶頂期からの変貌と陸海軍崩壊への過程を追う。

三三六頁／一九〇〇円

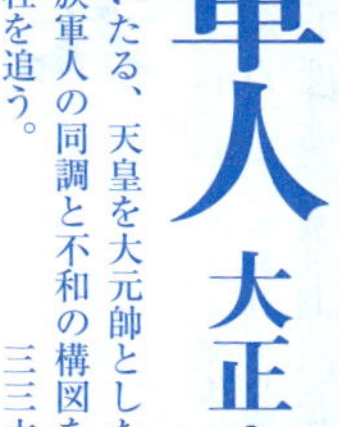

430 国分寺の誕生 古代日本の国家プロジェクト

須田　勉著

仏教を中心とする古代国家構想の核心だった国分寺。近年の考古学による成果から、堂塔の配置が統一的なものではなく地域情勢との関係の中で建設されたことを解明。建立にいたる政治状況を辿り、諸国国分寺を解説する。

二八二頁／一八〇〇円

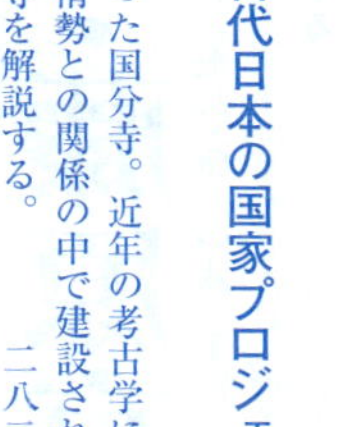

431 原爆ドーム 物産陳列館から広島平和記念碑へ

頴原澄子著

近代化の歩みの中で建設された広島県物産陳列館。原爆投下で廃墟となり、凄絶な悲劇を伝えながら、核廃絶希求の象徴として世界遺産に登録されるまでの歴史を追う。原爆ドームとは何かをその前史とともに捉え直す。

二四〇頁／一七〇〇円

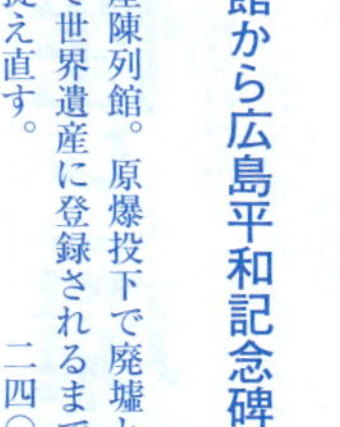

【既刊】

422 洛中洛外図屏風 つくられた〈京都〉を読み解く
小島道裕著
二四〇頁／一七〇〇円

423 犬と鷹の江戸時代 〈犬公方〉綱吉と〈鷹将軍〉吉宗
根崎光男著
二七二頁／一八〇〇円

424 大元帥と皇族軍人 明治編
小田部雄次著
二七二頁／一八〇〇円

425 昭和天皇とスポーツ 〈玉体《ぎょくたい》〉の近代史
坂上康博著
二八四頁／一八〇〇円

人《ひと》をあるく 聖徳太子と斑鳩三寺

千田　稔著

幼少よりの秀でた能力で「和」の貴さを説き、人々の苦悩を救済した聖徳太子。推古女帝を補佐して仏教の興隆に尽し、後世、太子信仰を生み出した。飛鳥・斑鳩・大阪・京都を訪ねて太子の足跡を辿り、実像を描き出す。

Ａ５判・一五二頁／二〇〇〇円

古代の人々の心性と環境 異界・境界・現世

三宅和朗著

現代の大都会とは異なる暗い夜、静かな音の風景《サウンドスケープ》のなか、古代の人々は研ぎ澄まされた五感を介して何を感じていたのか。生活空間の周囲に広がる異界と人々との関わりから、彼らの心性に迫り、現代の社会や環境を見直す。

Ａ５判・三七八頁／四八〇〇円

ここまでわかった飛鳥・藤原京 倭国から日本へ

豊島直博
木下正史編

古代史の舞台を解明する発掘が続けられている飛鳥・藤原の地。王宮・王都、都市陵墓、寺院、木簡、古代朝鮮の都城など、さまざまなテーマを論じた日本考古学協会シンポジウムの記録。これからの課題を整理・展望する。

四六判・二五六頁／二四〇〇円

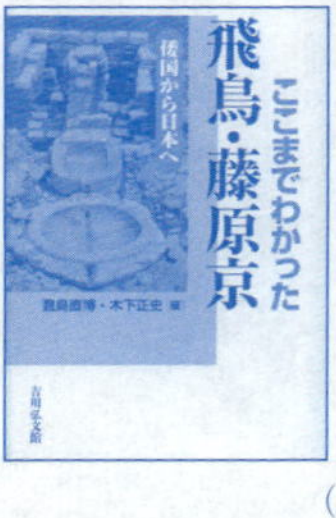

三浦一族の研究

高橋秀樹著

相模国随一の大豪族、三浦一族。桓武平氏出自説をはじめ、「三浦介」の成立事情、三浦義村や宝治合戦の実像などの諸問題を、「常識」にとらわれず追究。これまでとはまったく異なる新しい三浦一族のイメージを提示する。

Ａ５判・三三四頁／三八〇〇円

三条実美 孤独の宰相とその一族

刑部芳則著

明治政府の最高責任者として要職を歴任した三条実美《さねとみ》の評価が低いのはなぜか。政局内での言説や行動、宗族・親族との密接な関係などを探り、続発する諸問題に苦悩しつつ誠実に対応した、新たな実像に迫る戦後初の伝記。

A5判・二七二頁／二五〇〇円

モノから見たアイヌ文化史

関根達人著

アイヌの刀はなぜ切れなくてもよいのか。彼らはどうして交易に貨幣を使わなかったのか—。平安時代の和鏡から軍服用の米国製金ボタンにいたる「モノ資料」を取り上げ、文字を持たなかったアイヌ文化の歴史に迫る。

A5判・二〇二頁／一九〇〇円

読みなおす日本史

毎月1冊ずつ刊行中　四六判

入道殿下の物語 大鏡

益田　宗著

二三二頁／二二〇〇円（解説＝加藤静子）

平安中期、幼少の天皇に代わり、外戚の藤原氏が摂政・関白となって政治を行う体制が成立した。その最盛期を迎える道長の時代に至る推移を、歴史物語「大鏡」を軸に、平易な語り言葉で述べる。文学的にも優れた入門書。

中世京都と祇園祭 疫神と都市の生活

脇田晴子著

二四八頁／二二〇〇円（解説＝京樂真帆子）

華麗な神輿渡御と豪壮な山鉾巡行で京都に夏の訪れを告げる祇園祭。都市から疫病を退散させ人々の生活を守る目的で始まり、祭りの形式は全国の先駆けとなった。中世戦乱を乗り越え今日まで、千年続く歴史を描き出す。

吉野の霧 太平記

桜井好朗著

二一四頁／二二〇〇円（解説＝阿部泰郎）

天皇・貴族・武士から庶民までもが動乱に巻き込まれた南北朝時代。楠木正成、後醍醐天皇、足利尊氏、佐々木道誉ら主役を演じた人物の生き様と、混沌の中から生まれる新たな時代の動きを大胆かつ平易に描く歴史物語。

古代の人やモノは、どのように移動し、交流が生まれ、情報が伝わったのか？

日本古代の交通・交流・情報 全3巻

完結！

舘野和己
出田和久 編

新刊２冊

❷旅と交易

❸遺跡と技術

A5判・平均三六六頁／各五五〇〇円 『内容案内』送呈

〈既刊〉 ❶制度と実態…交通制度とその実態を、東アジアの制度も視野に入れ解明。

古代では、天皇から商人まで様々な人が旅をし、使節や僧侶らが海を渡った。同時に人の移動はモノを運び情報をもたらし、文化が伝わった。文学作品や記録から、多様な旅の実態を再現し、情報の伝達・広がりを考える。

近年、道路・駅家などの古代の交通施設の遺構が各地で発見され、考古学や歴史地理学の成果から古代交通のイメージが一新されている。交通施設と交通に関わる技術から古代交通の様相を具体的に描き、その景観を考える。

総力戦体制下の満洲農業移民

玉 真之介著

A5判・二二二頁／八五〇〇円

「満蒙開拓」の名のもと、国策として推進・強化された満洲農業移民。従来の植民地支配ではなく、深刻化する食糧問題への対応という新たな観点から実態を追究。日満農政研究会も考察し、農業技術面で与えた影響を探る。

沖縄返還後の日米安保 米軍基地をめぐる相克

野添文彬著

A5判・二五六頁／五八〇〇円

沖縄返還後、なぜ米軍基地の集中化が方向づけられたのか。日米両国の史料や聞き取り調査をもとに、返還前後から八〇年代の動きを分析。多様に絡み合う要因を追及し、今日まで続く沖縄基地問題の起源に迫る注目の書。

日本考古学 第41号

日本考古学協会編集――A4判・一一二頁／四〇〇〇円

日本考古学年報 67

日本考古学協会編集――B5判・三八四頁／四〇〇〇円

古文書研究 第81号

日本古文書学会編集――B5判・一五六頁・口絵二頁／三八〇〇円

交通史研究 第88号

交通史学会編集――A5判・七八頁／二五〇〇円

浅草寺日記 第36巻（慶応三年）

浅草寺史料編纂所・浅草寺日並記研究会編――A5判・六六八頁／一〇〇〇〇円

"あの戦争"とは何だったのか？

アジア・太平洋戦争辞典

吉田　裕
森　武麿
伊香俊哉
高岡裕之　編

二七〇〇〇円

戦争体験の継承や歴史認識が問題となる今日、アジア・太平洋戦争をとらえ直す本格的辞典。満洲事変から東京裁判、サンフランシスコ平和条約などの戦後史まで約二五〇〇項目を、図版を交え平易に解説。付録と索引を付す。

四六倍判・八四二頁・原色口絵一六頁

推薦します

姜尚中（東京大学名誉教授）

早乙女勝元（東京大空襲・戦災資料センター館長）

略称敬略　五十音順

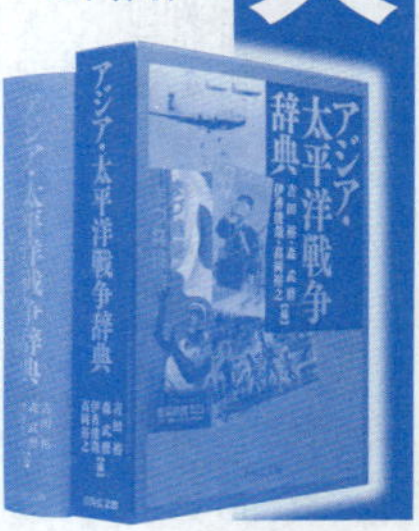

『内容案内』送呈

門閥・血縁・偉人の子孫・功績のあった人…。なぜ華族になりたかったのか？

爵位を請願した約九〇〇〇人を紹介！

〈華族爵位〉請願人名辞典

松田敬之著

一五〇〇〇円

明治二年の華族誕生から戦後の廃止に至る約八〇年間、士族・平民から華族への昇格を望み請願した約九〇〇〇人を収録。『授爵録《じゅしゃくろく》』や諸史料から、経歴・請願年・受理・不受理理由を解説。授爵・陞爵《しょうしゃく》・復爵《ふくしゃく》者一覧などを付す。

菊判・九二八頁

『内容案内』送呈

飛鳥板蓋宮跡、飛鳥寺跡、甘樫丘、石舞台古墳、亀石、キトラ古墳、下ツ道、剣池、藤原京跡、大和三山、上之宮遺跡、大神神社…。

日本人の心の故郷へ誘う、初の"飛鳥"事典！

飛鳥史跡事典

木下正史編

「日本国」誕生と古代"文明開化"の舞台、飛鳥・藤原の地。宮殿・寺院・陵墓の史跡など約一七〇項目を、歴史的事件や関連人物とともに解説。史跡巡りのコースや展示施設も紹介するなど、歴史探訪に必携のハンドブック。

四六判・三三六頁／二七〇〇円

『内容案内』送呈

国史大辞典 全15巻（17冊）
国史大辞典編集委員会編
四六倍判・平均一一五〇頁
本文編（第1巻～第14巻）＝各一八〇〇〇円
索引編（第15巻上中下）＝各一五〇〇〇円
全17冊揃価 二九七〇〇〇円

明治時代史大辞典 全4巻
宮地正人・佐藤能丸・櫻井良樹編
四六倍判・平均一〇一〇頁
第1巻～第3巻＝各二八〇〇〇円
第4巻（補遺・付録・索引）＝二〇〇〇〇円
全4巻揃価 一〇四〇〇〇円

歴史考古学大辞典
小野正敏・佐藤 信・舘野和己・田辺征夫編
四六倍判 一三九二頁 三二〇〇〇円

日本歴史災害事典
北原糸子・松浦律子・木村玲欧編
菊判・八九二頁 一五〇〇〇円

歴代天皇・年号事典
米田雄介編
四六判・四四八頁／一九〇〇円

日本古代氏族人名辞典【普及版】
坂本太郎・平野邦雄監修
菊判・七六〇頁／四八〇〇円

源平合戦事典
福田豊彦・関 幸彦編
菊判・三六二頁／七〇〇〇円

戦国人名辞典
戦国人名辞典編集委員会編
菊判・一一八四頁／一八〇〇〇円

戦国武将・合戦事典
峰岸純夫・片桐昭彦編
菊判・一〇二八頁／八〇〇〇円

織田信長家臣人名辞典 第2版
谷口克広著
菊判・五六六頁／七五〇〇円

日本古代中世人名辞典
平野邦雄・瀬野精一郎編
四六倍判・一二二二頁／二〇〇〇〇円

日本近世人名辞典
竹内 誠・深井雅海編
四六倍判・一三二八頁／二〇〇〇〇円

日本近現代人名辞典
臼井勝美・高村直助・鳥海 靖・由井正臣編
四六倍判 一三九二頁 二〇〇〇〇円

明治維新人名辞典
日本歴史学会編
菊判・一一一四頁／一二〇〇〇円

歴代内閣・首相事典
鳥海　靖編
菊判・八三二頁／九五〇〇円

日本女性史大辞典
金子幸子・黒田弘子・菅野則子・義江明子編
四六倍判
九六八頁
二八〇〇〇円

事典 日本の名僧
今泉淑夫編
四六判・四九六頁／二七〇〇円

事典 日本の仏教
蓑輪顕量編
四六判・五六〇頁／四二〇〇円

日本仏教史辞典
今泉淑夫編
四六倍判・一三〇六頁／二〇〇〇〇円

神道史大辞典
薗田　稔・橋本政宣編
四六倍判・一三七六頁／二八〇〇〇円

事典 神社の歴史と祭り
岡田莊司・笹生　衛編
A5判・四一六頁／三八〇〇円

日本民俗大辞典 上・下（全2冊）
福田アジオ・神田より子・新谷尚紀・中込睦子・湯川洋司・渡邊欣雄編
四六倍判
上＝一〇八八頁・下＝一一九八頁／揃価四〇〇〇〇円（各二〇〇〇〇円）

精選 日本民俗辞典
菊判・七〇四頁
六〇〇〇円

民俗小事典 死と葬送
新谷尚紀・関沢まゆみ編
四六判・四三八頁／三二〇〇円

民俗小事典 神事と芸能
神田より子・俵木　悟編
四六判・五一〇頁／三四〇〇円

民俗小事典 食
新谷尚紀・関沢まゆみ編
四六判・五一二頁／三五〇〇円

沖縄民俗辞典
渡邊欣雄・岡野宣勝・佐藤壮広・塩月亮子・宮下克也編
菊判・六七二頁
八〇〇〇円

●近　刊

※書名は仮題のものもあります。

樹木と暮らす古代人 木製品が語る弥生・古墳時代
樋上　昇著
（歴史文化ライブラリー434）四六判／価格は未定

天智天皇（人物叢書287）
森　公章著
四六判／二三〇〇円

古代の恋愛生活 万葉集の恋歌を読む（読みなおす日本史）
古橋信孝著
四六判／価格は未定

日本古代女官の研究
伊集院葉子著
A5判／価格は未定

シルクロードの仏蹟を訪ねて 大谷探検隊紀行
本多隆成著
四六判／価格は未定

平安初期の王権と文化
笹山晴生著
A5判／価格は未定

頼朝政権と街道（歴史文化ライブラリー435）
木村茂光著
四六判／価格は未定

日本中世の権力と寺院
高橋慎一朗著
A5判／九〇〇〇円

西行・慈円と日本の仏教 遁世思想と中世文化
大隅和雄著
四六判／二三〇〇円

神道の形成と中世神話
伊藤　聡著
A5判／九〇〇〇円

甲信越の名城を歩く 山梨編
山下孝司・平山　優編
A5判／価格は未定

江戸のパスポート 旅の不安はどう解消されたか（歴史文化ライブラリー432）
柴田　純著
四六判／一八〇〇円

幽霊 近世都市が生み出した化物（歴史文化ライブラリー433）
高岡弘幸著
四六判／一七〇〇円

近世後期の対外政策と軍事・情報
松本英治著
A5判／一〇〇〇〇円

近代真宗大谷派の革新運動 白川党・井上豊忠の生涯
森岡清美著
A5判／価格は未定

日本海海戦の真実（読みなおす日本史）
野村　實著
四六判／二二〇〇円

昭和の戦争と内閣機能強化
関口哲矢著
A5判／価格は未定

ここまで変わった日本史教科書
高橋秀樹・三谷芳幸・村瀬信一著
A5判／一八〇〇円

平安語の宝庫、ついに成る！

平安時代の日記から蒐集した〈記録語〉約三万を集成。

平安時代記録語集成 上・下

附記録語解義

7月発売

峰岸 明著

四六倍判・上製・函入 各三四〇〇〇円

上＝一六一二頁 下＝一五七六頁 『内容案内』送呈

記録語辞典の編纂を志した国語学の権威が蒐集した、平安時代の記録語約三万語の資料を集成。小右記など十一点から採録し、所出箇所（年月日・刊本頁行）・用例を示す。記録語辞典原稿の一部を「記録語解義」として附載。

本書の特色

◆平安時代の記録（日記）に使用されたことば「記録語」を集成した初めての書
◆小右記・御堂関白記・権記・兵範記など、十一の日記の中から用例を蒐集
◆蒐集された約三万の語句を、使いやすい漢和辞典の方式により掲出
◆項目ごとに用例の所出箇所（記録名・年月日・刊本頁行）や引用文などを示す
◆膨大な用例を通覧することで、読者みずから語義を考え、既刊の辞典類の載録から洩れた語を見いだせる
◆これまで説かれてきた語義に修正を加え、語の使用例の年代を遡らせることが可能
◆下巻には記録語辞典原稿の一部、約二千項目を「記録語解義」として附載

予約募集

日本近代の歴史 全6巻

【9月刊行開始】四六判・平均二八〇頁／予価各二八〇〇円

〈第1回配本〉❶維新と開化…奥田晴樹著

日本生活史辞典

【10月発売】木村茂光・安田常雄・白川部達夫・宮瀧交二編

四六倍判・九〇〇頁予定・原色口絵三二頁／予価二五〇〇〇円

を、挙兵の当初からの実例をもって証明するわけである。名分をいただいているうえに、さらに武力は絶大なものがあると充分に自己宣伝をしたあげく、調子は急激に高飛車になって、山門に義仲の要求をつきつけるのであった。

平氏敗北のうへは参洛を企《くわだつ》るものなり。今叡岳（比叡山）の麓を過て洛陽（京都）の衢《ちまた》に入づべし。この時にあたつてひそかに疑貽《ぎたい》（うたがい）あり。そもそも天台衆徒平家に同心か、源氏に与力《よりき》（加勢）か。もしかの悪徒（平家）をたすけらるべくは、衆徒にむかつて合戦すべし。もし合戦をいたさば叡岳の滅亡踵《くびす》をめぐらすべからず。悲しきかな、平氏宸襟《しんきん》（天皇の御心）を悩し、仏法をほろぼす間、悪逆をしづめんがために義兵を発《おこ》す処に、忽に三千の衆徒に向て不慮の合戦を致ん事を。痛《いたま》しきかな、医王山王（延暦寺と日吉《ひえ》神社）に憚《はばか》りたてまつて、行程に遅留《ちりゅう》せしめば、朝廷緩怠《かんたい》の臣として武略瑕瑾《かきん》（きずをつける）のそしりを残さんことを。みだりがはしく進退に迷て案内を啓するところなり。こい願くは三千の衆徒、神のため、仏のため、国のため、君のために、源氏に同心して凶徒を誅《ちゅう》し、鴻化《こうか》（広大なる皇室の恵み）に浴せん。懇丹《こんたん》の至《いたり》にたへず。

寿永二年六月十日　源義仲

と結んだこの牒状、『平家物語』と『源平盛衰記』にのせるものには、表現にかなりの違いがあるから、当時の原文そのままではないかもしれない。しかし、内容と論旨の展開などは、ほぼ同様のものであったろう。

半ば脅《おど》し半ばすかし、山門の面目をつぶさぬように、また義仲の毅然たるところを示し、しかもその意のあるところを十分に現わす。まことに見事な名文といわねばなるまい。

叡山の返牒

この義仲の牒状は、六月十六日、延暦寺にとどいた。

そもそも天台衆徒平家に同心か、源氏に与力か。

このように頭からきめつけられた文書を、かつて山門が受取ったことがあったであろうか。しかも、牒状はさらに「もし平家に味方するならば、義仲はまたたく間に叡山を滅亡させるであろう」とまでいっている。延暦寺のもつ弘仁（九世紀初）以来の王城鎮護たる誇り、王法仏法の根元の権威、尨大《ぼうだい》な寺社領の領主としての実力に数千の大衆を擁する武力を、全く意にも介していない調子である。

皇室はもちろんのこと、摂関家はじめすべての貴族は、ひたすら叡山の機嫌をとるのに汲々としてきた。権力者の平清盛ですら、後白河法皇の意に反してまで、叡山だけには遠慮していたのである。それを、名もない木曽の田舎武者の義仲が、堂々たる対等の格式の牒状を送ってきたのだ。怒らない方がむしろ不思議であった。

これを受けとった延暦寺は、果して蜂の巣をつついたような大騒ぎとなった。僧綱《そうごう》は、古来からの慣例にしたがって、義仲にどのような返牒を出すべきかを大衆の討議にかけた。叡山の誇りにかけてこの無礼きわまる義仲の牒状には応ずべきでないというものがいる。二十年来の平家との好誼《こうぎ》を説くものもいる。また、衰運の平家を排して盛運の源氏に与力するのが、山門繁昌の道であると主張するものもある。甲論乙駁《ばく》、僉議《せんぎ》はいつ果てるともわからなかった。

当時の情勢を、京都にいて洩《も》れ聞いた藤原経房は、その日記（『吉記』）に、

叡山の衆徒相議し—悪僧においては皆源氏に同ず、是れ中堂衆等なり、去《さん》ぬる頃北陸道より帰山す—源平両氏和平あるべきの由、僧綱・已講をもって奏聞せんと欲す。

と書いているかと思うと、その数日後には

叡山の衆徒、源平両氏先日和与《わよ》（和睦）すべきの由、議定成る。

と記している。これで叡山は仲裁者の立場になるのに決ったのかとみると、つづいて、

しかるに源氏等日吉社領を焼失するに依りて、先議を改め、一方御方となり、且《かつ》は通路を相防ぎ、且は征伐すべきの由、また議定し了《おわ》んぬ。しかして忽ち其の議を変ずと云々。

とあって、まことに猫の目のように、いくたびとなく変っている。経房ならずとも、これでは「近ごろはいろいろの風聞が盛んにいわれていて、どれが本当なのかさっぱりわからない。それをいちいち日記に書くだけ無駄だ」というのが実情であろう。

これだけでもっても、義仲の投じた牒状が延暦寺に大混乱をまき起した状態を、推しはかることが

できる。大衆の消息によく通じた覚明は、おそらくこうした混乱を十分に予想していたのであろう。

ところで、山門にかぎらず当時僧兵を擁するような大寺院では、一山《いっさん》の重大事は、上層部の僧侶だけで決めずに、ひろく、僉議と称する大衆討議にかけるのが普通であったようだ。だから、決定までに時間は要したが、ひとたび決定すると、その実行力には相当なものがあったようである。また、その決定がたとえ意にそわなくても、座主《ざす》・別当《べっとう》・惣長吏などの最高位の僧侶といえども、くつがえすことはなかなかむつかしかった。朝廷や貴族をはじめ源平などの武士までも、山門や南都（東大寺・興福寺）をはばかった理由の一つは、こういったところにもあったのである。

そうこうしているうちにも、義仲軍の先鋒は、今庄《いまじょう》から柳瀬《やながせ》にぬけて、琵琶湖の東岸を近江国に攻め入った。近江の守りを命ぜられていた筑後前司《ちくごのぜんじ》平重貞《しげさだ》は、ようやく単騎京都へ逃げ帰ることができた。六月十三日のことである。その二十九日には、義仲自身の本隊が近江に進出し、すでに八幡（近江八幡市）に達した。また、矢田判官代義清に率いられた別働隊は、叡山の西、丹波路《たんばじ》を京都に向かっている。

山門は、今やいやおうなしにその態度決定を迫られた。『源平盛衰記』によると、覚明はかねて知っている僧兵中の実力者白井法橋《ほっきょう》幸明に働きかけ、それを通じて慈雲坊法橋寛覚と三上阿闍梨《あじゃり》珍慶というこれまた有力な大衆を味方にし、大衆僉議が義仲に有利に決定するようにしたという。おそらく、これに類した裏面工作はあったものと思う。そして、それをなし得るものは、義仲陣営においては、覚明をおいてはなかったことは、いうまでもない。

かくて、越えて七月二日、山門だけが運命のつきかけている平家に同心して、今から運命が開かれようとしている源氏にそむく理由があろうか、平家から厚遇をうけている道義をひるがえして、ぜひ、源氏に同心するという決心を固めようと、僉議はきまった。大衆は義仲に、同心の旨を返牒してきたのである。その返牒の末文に近く、

「本寺千僧の供物を運上し、末社の神輿や末寺の荘園を改めてつくり、なお山門の領地は旧来のまま所有することを保証するならば、三千の衆徒は、合掌して平家を傾けることにつとめるであろう」

という文句のあるのが目につくが、図らずもここに、平安末期の大寺院は、何にもっとも関心をもっていたかということを暴露している。旧仏教の腐敗堕落を打破るものとして、いわゆる鎌倉新仏教が生まれてくる理由もわかろうではないか。

それはともかく、義仲の山門工作は大成功を収めた。かくて、義仲の京都進攻への大道は、ひろびろと開けたのであった。

しかし、悲しいかな、義仲の全生涯を通じて、かれの外交政策の成功したこれが唯一の例であった。

義仲と覚明

山門工作は、義仲の外交政策の最初にして最後の成功であったが、大夫房覚明が、義仲に関係して現われるのも、これが最後であった。

つぎの「旭将軍」の章で詳しくのべるように、これからの義仲には、そのもつ武力以上に政治手腕を発揮することが必要であった。すぐれた政治感覚でことを処理していかなければ、せっかく苦心しておさめた軍事的成功もまったく意味のないものに終ってしまう事態にしばしば遭遇《そうぐう》するのである。もともとそうした方面の才能に恵まれていなかった義仲やその側近であるから、唯一の人、覚明の重要性がますます加わってくるはずであるし、義仲が覚明を必要とする度合も、いままで以上に増大してくるはずである。にもかかわらず、覚明の名前も行動も、寿永二年の七月二日を境として、義仲の周囲からバッタリと消えてしまった。

何故なのか、その理由はどうもはっきりしない。武人にありがちな文人に対する反感が、覚明の献策による山門工作のあまりにも見事な成功に対して嫉妬をかきたて、義仲が覚明を遠ざけるようにさせたのかもしれない。あるいはまた、覚明自身におごる心が芽生えてきて、側近と急に仲が悪くなり、ために義仲は止むなく覚明を相談相手の席から外さなくてはならないようになったのかもしれない。

いまはそのいずれともわからないが、わたくしは、少くとも義仲の方から、積極的に覚明を見捨てたのではないと思う。

寿永元年からここにいたるまでに、義仲は充分に覚明の才能を認めていたであろう。だからこそ、その献策にもとづいた社寺政策を実行したのである。しかもこの社寺政策は、地方の小武士団に対して効果があるだけでなく、京都の公家にも密接につながる意味のあることを覚明はよく知っていた。それを、覚明が義仲に説いていないはずはないであろう。義仲も、それについてはよく理解できたはずである。

入京後の義仲は、朝廷や公家に対して、すべてのことを自分や側近の武将たちが直接折衝することは、ほとんどやっておらない。やはり、それぞれ専門家のなかから、かれらの代弁者をえらんで当らせている。だから義仲は、文人が不必要だとは決して思っていなかったのだ。それだけに、覚明のあらわれてこないのが不思議になってくる。

しかし、覚明は義仲のもとを去ったとは思われないが、そのブレーンの席から姿を消したことは事実である。

代って、静賢法印《ほういん》という名が、ときどき散見する。だがこれも、右大臣九条兼実の日記（『玉葉』）を見ると、義仲の意見の代弁をしているようであるが、どこまで真剣にその利益と立場をまもろうとしていたのか、疑わしい人物である。この静賢法印のほかには、朝廷や院に出入する人のなかで、とくに義仲の代理をしているようなものはない。ただ、古記録にもとづいて十三世紀末に編集されたと思われる『百錬抄《ひゃくれんしょう》』に、義仲が没落した直後の元暦《げんりゃく》元年（一一八四）の二月末に、義仲の党類として前左馬助《さきのうまのすけ》季高《すえたか》と弾正大弼《だんじょうのおおすけ》資泰《すけやす》朝臣《あそん》が、院庁《いんのちょう》へ召喚されていることをのせているから、この二人も義仲派の廷臣であったのであろう。それにしても、かれらはみな公家としては下級貴族や官人であるから、朝廷内での発言力が非常に小さいものである。

おそらく義仲は、これくらいの力倆と地位の人物しか、朝廷内に見つけることができなかったのではないか。

覚明自身は、一介の興福寺の学僧であって貴族ではない。だから、覚明みずから朝廷や院庁に出て、義仲の意見を代弁する資格はもちろんない。しかし、依然として義仲が覚明を重用していたのならば、もう少し有能な人物を、朝廷の内部からえらぶことができたのではなかろうか。長らく京都の空気を吸って、公家社会の実情をよく知っている覚明であるから、どうすれば朝廷や院との結びつきを義仲に有利に展開することができるかを、知っていたであろう。頼朝と右大臣兼実のような関係までは、かりにできなかったにしても、静賢法印クラスのものしか橋渡しの役をするものがないというような、みじめな状態には少くともならなかったはずである。

京都での義仲の態度は、まことに粗野で見苦しかったといわれている。わたくしは、これには同情すべき点が多いと思っているが、それにしても、いままでのように覚明という指南役がついておれば、あれほどまでの悪評をこうむることをやらなかったのではなかろうか。

いずれにしても、覚明が義仲の帷幕《いばく》を去ったこと、これは義仲にとって、なにものにも代え難い損失であったといわねばならない。その原因が義仲の方にあったか、覚明にあったか、はたまた側近の武将にあったか、そのどれにあるにしても、要は、義仲はみずからの不明を恥じなければならないことであったのである。

余談であるが、鎌倉幕府の記録である『吾妻鏡』には、義仲没落後になってから覚明のことをしばしばのせている。これは頼朝やその側近のものが、覚明の才能をよく識っていたことのあらわれではなかろうか。

すなわち、建久元年（一一九〇）五月には、頼朝が甲斐源氏の一条忠頼《ただより》の追善供養を行ったときには、信救得業《しんきゆうとくぎよう》（覚明は義仲討死の後、もとの名に復して信救得業といった）に導師をつとめさせており、四年後の建久五年の十月に、平治の乱に頼朝の父義朝に殉じて死んだ鎌田正清《かまだまさきよ》のむすめが、旧主義朝と父正清の菩提のために如法経十種供養を行ったとき、願文の原稿を書いたのはこの信救得業で、それを清書しているのが頼朝の懐刀《ふところがたな》の大江広元である。しかも、建久六年十月十三日の条に、
故木曽左馬頭《さまのかみ》義仲朝臣の右筆《ゆうひつ》大夫房覚明なるものあり、もとこれ南都の学侶《がくりよ》なり。義仲朝臣誅罰の後、本名に帰り、信救得業と号す。当時筥根《はこね》山に住するの由、これを聞食《きこしめ》し及ぶに就いて、山中の外、鎌倉中ならびに近国に出づべからざるの旨、今日御書（頼朝の手紙）を別当の許《もと》に遣は

さると云々。

と伝えているところをみると、覚明は箱根権現に隠住していて、他のものに仕えなかったことがわかる。とともに、頼朝はその才能を充分知っていたがために、かれを利用するもののあらわれることを警戒していたことをも示すものと思う。かつて義仲に属していた信濃や北陸の武士たちを許して、改めて頼朝の家人に加えていったのと、覚明に対する態度とは同日の談にはできない。

覚明は、その全智を傾けて仕えた義仲によって理解されたというよりも、むしろ、まだ会ったこともなかった頼朝に、より高く評価されていたといった方がよいであろう。

覚明の晩年のことはほとんどわからないが、のちに親鸞の門下にはいって西仏《さいぶつ》と名を改め、文暦《ぶんりやく》元年（一二三四）信濃へ帰って康楽寺（初め小県郡海野にあったが、のちに更級郡塩崎村に移る）を創め、そこで卒したといわれている。

一門評定

秋の日の傾くように、命運の極まることを知った平家一門は、異状な焦燥感にかられていった。六月も十日すぎには、すでに義仲軍の先鋒が近江に乱入してきたことは、当国の兵士を駈り集められるだけ集めて防いでいた筑後前司平重貞が、ついにささえることができず、単騎京都へ逃げ帰って報告したことによって確認されている。

ただ一つの朗報は、九州方面の内乱の鎮圧のため、二年前の養和元年（一一八一）鎮西に下向していた、故重盛の家人であった肥後守平貞能《さだよし》が、どうにかそこを平定することができて、肥後（熊本県）の菊池や筑前（福岡県）の原田、あるいは肥前（佐賀県）の松浦党《まつらとう》などの武士をひきつれて上洛してきたことである。この、御家の大事にかけつけてくる貞能は、数万騎の大軍を率いて来援するとの前評判が高かった。これは、意気消沈した平軍の士気の鼓舞と、不人気になった京都での旗色を回復しようとの、平家側の積極的な宣伝であったと思われる。しかし不正確な情報にもとずいた宣伝を、いつのまにか真実のように思いこもうとしていたのは、むしろ平家の人々たちであったのではなかろうか。六月十八日に、実際に入京してきた肥後守貞能の率いてきた軍勢は、わずかに千騎あまりにしかすぎなかった。

平家の希望的観測は、ここでもまた破られた。宗盛は、平家の家人と限らず、公家であろうと荘園の民であろうと、根こそぎの総動員をはかった。しかし、その命令に易々としてしたがうものは少なかった。ここにおいて平家が、やはり山門の動向に深い関心をもったのは当然であろう。

京都の周辺で数千の僧兵を擁する大寺院は、いうまでもなく北嶺といわれた延暦寺と園城寺に、南都と併称された興福寺に東大寺である。このうち園城寺・興福寺・東大寺の三寺は、以仁王の事件や南都の焼き打ちで平家を恨む心が深い。それに対して山門の延暦寺は、多少のいきさつはあったとはいえ正面切って平家と対立したことはなかった。むしろ二十年来の好誼は、平家に当然好意的であるだろうという自負をすら持たしめていた。しかも、義仲が山門に働きかけていることを、平家は露知ることがなかったのである。おそらくこういった自負が、平家の山門への積極的な働きかけを、義仲よりは遅れさせた理由であろう。そして平家は、日に日に悲境に陥りつつある現在、日頃の親好《よしみ》だけを当てにして、叡山に頼みの綱をかけていることの不安にもはや耐えきれなくなった。

ついに平家一門は、公卿《くぎょう》の座につらなる十人の連署をもって、起請文《きしょうもん》を延暦寺と日吉山王社《ひえさんのうしゃ》に捧げた。その冒頭から「延暦寺をもって氏寺《うじでら》に准じ、日吉の社をもって氏社《うじやしろ》」とすると宣言し、叡山の霊威は、平家の始祖である桓武《かんむ》天皇の代に伝教《でんぎょう》大師最澄《さいちょう》が開かれて以来、赫々《かくかく》として仏法繁昌、鎮護国家の道場として栄えてきた所以を述べて、次のように結んでいる。そして、この結文にこそ、平家の願意があまりにも赤裸々にむき出しになっているのである。

> 自今以後《じこんいご》、山門に悦《よろこび》あらば一門（平家一門）の悦とし、社家に憤《いきどおり》あらば一家（平家一家）の憤とせん。をのをの子孫に伝へてながく失堕《しつだ》せじ。藤氏（藤原氏）は春日《かすが》社・興福寺をもって氏社氏寺として、久しく法相大乗《ほっそうだいじょう》の宗を帰す。平氏は日吉社・延暦寺をもつて氏社氏寺として、まのあたり円実頓悟《えんじつとんご》（天台）の教に、値遇《ちぐ》せん。かれ（興福寺）はむかしの遺跡《ゆいせき》なり、家のため、栄幸をおもふ。これ（延暦寺）は今の精祈《せいき》なり、君のため、追罰をこふ。あふぎ願くは、山王七社王子眷属《けんぞく》、東西満山護法聖衆《しょうじゅう》、十二上願日光月光《がっこう》、医王善逝《ぜんぜい》、無二の丹誠を照して唯一の玄応を

垂れたまへ。然ればすなはち逆臣の賊、手を君門《くんもん》（軍門）につかね、暴逆残害の輩《ともがら》、首を京土に伝へん。よって当家の公家等、異口同音に雷《らい》（礼）をなして祈誓くだんの如し。

平家は、清盛以来、安芸《あき》（広島県）の宮島に鎮まる厳島《いつくしま》神社に氏神の礼をとっていることは、天下周知のことであった。それをしも、あえて山門を氏社とし氏寺と崇《あが》めるから、大衆三千、平家に加勢を確約してくれといっている。なんと悲痛な願意の吐露であろうか。そして、総帥《そうすい》の平宗盛を筆頭にして、権大納言《ごんだいなごん》頼盛《よりもり》・権中納言教盛《のりもり》・中納言知盛《とももり》・参議《さんぎ》経盛・右衛門督《うえもんのかみ》清宗・左近衛《さこのえ》中将重衡・左近衛権中将維盛・右近衛中将資盛《すけもり》・越前守通盛《みちもり》の公卿十名の平家一門が、みな名をつらねて懇願した。さきに義仲が、その牒状に「そもそも天台衆徒平家に同心か、源氏に与力か、もしかの悪徒を助けらるべくは、衆徒にむかって合戦すべし云々」といっているのに比べて、なんという相違であろう。一方は、無位無官でしかも木曽の山中出身の田舎武者である。一方は、三位・参議以上の高位高官にのぼるもの十名以上を出して、とにかく二十年来政権の座にあったものである。いかに戦いに勝ちつつあるものと、負けつつあるものとの相違があるとはいいながら、まだ平家は、そのころは官軍という大義名分をもち、義仲は逆徒・賊軍の名をもって呼ばれていた。にもかかわらず、山門に対する態度には、義仲と平家との間に雲泥の相違があった。つまり、これほどまでに恥も外聞もかなぐり捨てねばならなかったくらい、山門を必要とする度合いは平家に深かったのである。

平家が山門に起請文を送ったのは七月五日である。こうした破天荒の卑下を条件に示したものではあったが、時すでに遅かった。山門の大衆が甲論乙駁、迂余曲折を経たうえで僉議一決、源氏に同心の旨を義仲のもとに返牒したのはすでにその三日前であった。みずからの自負から出たこととはいいながら、平家は、ここにおいても義仲におくれをとったのである。

ときの天台座主《ざす》は明雲《みょううん》といった。日ごろのよしみで平家を憐んだのであるが、大衆の意向の動かし難いのを予想して、直ちにこれを公開しなかった。義仲の来牒によって、源平のいずれに属するかでかきたてられた衆徒の興奮のおさまるのをまって披露したが、果して、義仲に同心する前議をひるがえして、平家に加担することを許容する衆徒はなかったという。

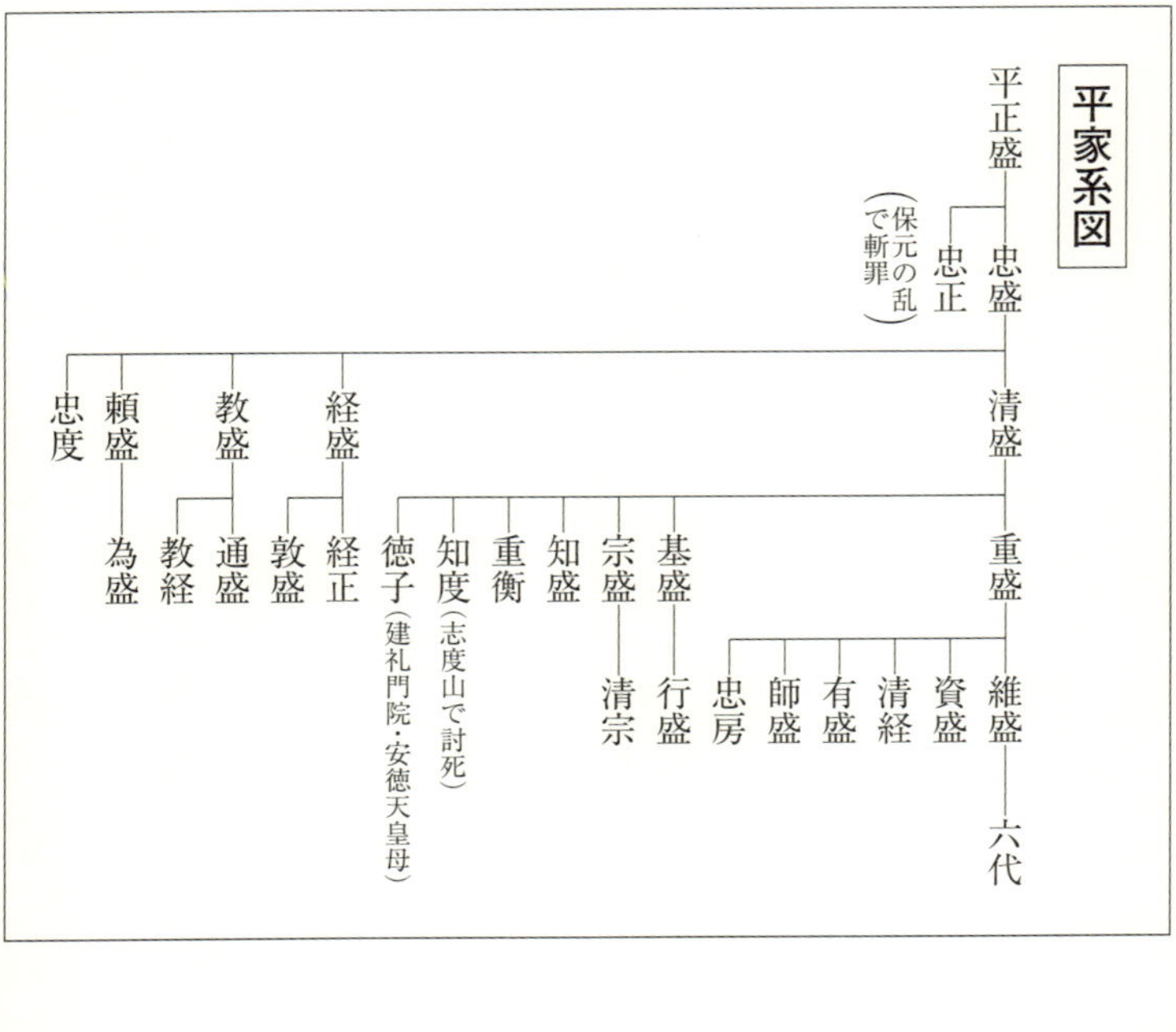

『平家物語』はこの間の事情を、山王の神が詠んだとして、

たいらかに花咲く宿も年老《ふ》れば西へ傾ぶく月とこそなれ

なる一首に託して、感慨深くのべている。

法皇雲隠れ

山門よりの返牒を、平家は一日千秋の思いで待ちわびた。五日経っても返事はない。あったのは、ただ、近江へ深く侵入した義仲軍の先鋒が、大津をすぐ目前にする瀬多にすでに到達したという風聞だけである。それからさらに二日も過ぎないうちに、ごく秘密裡に出したはずの一門連署の起請文の内容が世間に洩れ、公家の間の噂《うわさ》にのぼりだした。それでも、山門からは梨のつぶてであった。十日も過ぎるといかな平家も、いよいよ叡山大衆の来援はあきらめざるを得なくなった。

頼むべからざるものを頼んだ悔いは深い。この間に帰洛した肥後守貞能の軍勢が、数万騎という予想に反して、わずか千騎ばかりであったことが、この悔いをますます大きいものにしたであろう。

しかも京都をめざしているのは、東のかた近江より迫る義仲だけでないことが、はっきりしてきた。近江で義仲と分れた行家は、古い縁故をたどって伊賀（三重県）から大和（奈良県）に入り、各地の武士を組織して南から宇治を衝こうとしている。矢田判官代義清の率いる一軍は、北より丹波路を下

って、搦手《からめ》に迫ってくる。

また、しばらく鳴りをしずめていた多田行綱《ただゆきつな》などの摂津源氏は、西の淀川の川尻付近で兵を動かしはじめ、平家と瀬戸内との連絡を絶とうと行動しはじめた。加うるに、富士川の合戦には頼朝に組みしていた甲斐源氏の安田義定《やすだよしさだ》は、兄の清光《きよみつ》の子の武田信義《たけだのぶよし》とその子一条忠頼らが、依然として頼朝の指揮下にとどまっているのにあきたらず、同じ源氏の一族として、頼朝・義仲と同等であるとの誇りを押えることができなかった。それで、義仲が北陸で快進撃をつづけていると聞くと、おくれてはならじと甲斐を出て、東海地方の武士をまとめながら義仲のあとを近江へ殺倒してきた。

こうなっては、もう頼むは自分の力のみと平家は悟った。十六日に、薩摩守忠度《さつまのかみただのり》は百騎の兵を率いて丹波にむかった。二十一日になって、新三位中将資盛は、弟の備中《びっちゅう》守師盛《もろもり》らとともに、千余騎で南のかた宇治を越えて、田原から近江に進もうとした。そのあとを、通盛・能登守教経《のとのかみのりつね》らの勢が宇治橋をかためた。つづいて翌二十二日には、新中納言知盛・三位中将重衡らが二千騎で、東の瀬多に直接むかった。夜になってから、按察《あぜち》大納言頼盛が山科《やましな》まで出ばっている。

さきに丹波へ行っていたが、空しく引きあげてきていたとみえて忠度は、このとき左馬頭行盛《さまのかみゆきもり》とともに、西国への往来の要衝である淀《よど》（桂川と木津川の合流点）の守護を命ぜられた。

しかし、大和に入った行家は、吉野の大衆を味方につけて進んできたので、資盛らは予定通り田原から近江へ向うことができず、宇治に待機した。そして同じ二十二日には、木曽義仲は山門の大衆を率いて坂本から叡山に登り、東塔の惣持院に本営を構えた。僧綱などの高僧が山から逃げ下りてきたので、このことの単なる風聞でないことが、公然と京都中で取沙汰される情勢となった。二十三日には物情騒然としてきたので、後白河法皇は法住寺殿《ほうじゅうじどの》を御所としてここに移られた。

最後の一戦を試みてあくまでも京都を守ろうとしていた平家も、ここに至って宗盛らの主脳部はその不可能であることを覚り、後白河法皇と清盛の外孫にあたる六歳の幼帝安徳《あんとく》天皇に「三種の神器」を奉じて、一門こぞって都を脱出、西海へ走り、再起を期す最後の決心をかためざるをえなくなった。

義仲の京都乱入は目前に迫っている。事は急を要し、一刻の猶予も許さない。二十二日に瀬多に赴いた知盛らの軍は、倉光などの加賀武士が同郷の林六郎光明と富樫の陣に合体しようとして瀬多付近に出てきたが、地理不案内のため迷っているのを見付け、夜におよんでこれと戦った。だが、かなりの損害を蒙ったので引きあげてきた。二十一日に宇治方面に向い、そこで釘づけになっていた資盛らの軍にも、直ちに帰洛すべしとの急使が飛ぶ。安徳天皇は、平大納言時忠（清盛の妻の兄）などに供奉せられて、急ぎ法皇の御所となった法住寺殿へ行幸された。多

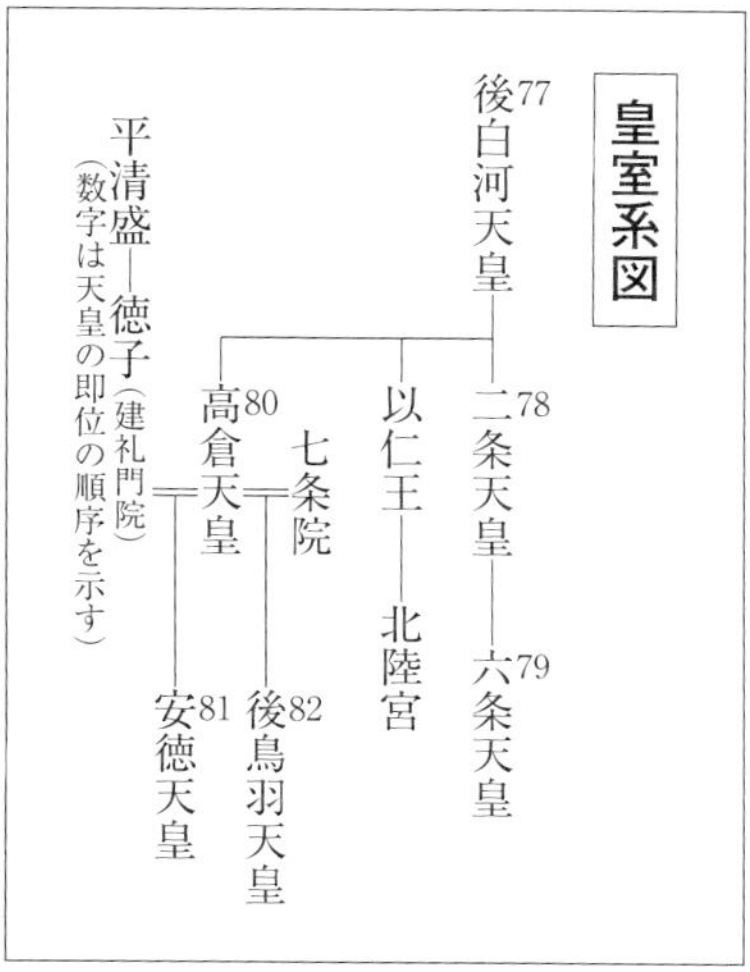

くの宮廷人や女官も、続々と呼び集められた。

そして、資盛らが帰洛し、安徳天皇が法住寺殿へ行幸された二十四日、都落ちは明二十五日の早暁と決められたその夜半、後白河法皇の姿は、忽然《こつねん》として院の御所から消え去ってしまったのである。いつ、どこから、どこへ。平家の誰一人として知るものはなかった。

後白河法皇

知る人ぞ知る。後白河法皇は、ただの法皇ではない。

仏法にひとかたならぬ執心をもたれたのは、さきの白河上皇や鳥羽上皇とかわりはなかったが、御即位の早々から保元の乱（一一五六）の渦中にたち、二条天皇に位を譲られて、院政の主となって直ぐ平治の乱（一一五九）にぶつかられるなど、権力をめぐっての権謀術数の多かった平安宮廷のなかでも、とくにそれの激しかった十二世紀中葉に治政の君になられただけに、皇室の権威の維持と拡張には、とりわけ鋭敏な感覚を発揮された法皇である。『梁塵秘抄《りょうじんひしょう》』や『梁塵秘抄口伝集《くでんしゅう》』などの撰集があることで想像されるような、今様《いまよう》（当世風の歌謡）の習得に明け暮れて、優美な生活を求められただけの君主では決してなかった。

院政を開始されてから間もなく、二条天皇の親政派が勢力を占めるようになった。尋常の手段では院政派をもりかえすことができなかったので、法皇は平清盛をひきたてて、永暦元年（一一六〇）これを参議に任じ、はじめて公卿の列に加えた。

法皇のひきたてで公卿となった清盛は、当然のことに院政派となり、そのもつ武力を背景に親政派ににらみをきかすようになった。以後、清盛は後白河法皇の忠実な腹心となり、あれこれと院の勢力確立に尽力した。

二条天皇が崩じて天皇親政派が影をひそめ、後白河法皇が院政の主として専制君主の実をそなえてきたが、そのころから、清盛が平氏政権をきずきはじめてくる。

いかなる対立者の存在をも許さない法皇は、当然のことに平家に対して警戒しはじめた。しかし、武力も警察権も持たない院は、官位の授与以外には、対手に打撃を与える手段がなかった。そして、この方法にも限界がある。法皇は、しばしばくりかえされる南都北嶺の大衆の強訴《ごうそ》の防禦に平家をあてることによって平家と大寺院との対立を深めようとした。

これは、大衆と対立するよりは連繋する方が有利だと判断した清盛が、賢明に立廻ったため、法皇の意図は実現されなかったが、全盛時代の清盛と虚々実々の折衝をくりかえし、清盛をして、内心深く法皇の政治性に怖れをいだかしめた。

法皇は、叡山の大衆と平家を衝突させることには失敗したが、嘉応《かおう》元年（一一六九）や安元《あんげん》三年（治承元年、一一七七）の山門大衆の強訴に際してとった平家の穏便な態度は、諸国にひそむ反平家の武士たちに、平氏恐るるに足らずとの感を起させたことは否定できない。その意味において、法皇の政策は直接の効果こそなかったが、以後の武士社会に反乱の気運を高めたといっても、そういい過ぎではないであろう。

治承元年（一一七七）五月二十八日、摂津源氏の多田蔵人《くろうど》行綱の内通で発覚した平家討伐の密謀をこらした鹿《しし》ヵ谷《たに》事件も、主謀者として表面に出たのは、藤原成親《なりちか》などの院の近臣であったが、後白河法皇がその黒幕であることは公然の秘密であった。摂政《せっしょう》藤原基実《もとざね》に嫁した清盛のむすめ盛子は、夫基実の死後、尨大な摂関家の荘園を相続した。しかし治承三年（一一七九）六月十八日、二十四歳の若さで盛子が亡くなると、法皇はその遺領を、平家へはもちろん摂関家へも渡さずに没収してしまった。また清盛の嫡子重盛が没すると、孫の維盛が相続していた越前国も没収している。これは、同年の七月のことであった。

対立者の勢力を弱めるためには、いささかの弱点も見逃さずにはおかない、炯々《けいけい》たる法皇の眼光が感ぜられるではないか。また法皇はそのためには、いかなる手段をも厭わなかったといっても過言ではなかった。

そもそも、みずから独自の武力を持たない法皇にとって、武力をもつもの、武士たちを互いに対立させ牽制させ合いながら、その上に立ってうまくかれらをあやつっていくというのが、その基本的政策であった。いままでがそうであったし、これからもそうなのである。源氏には平氏を、平氏には山門を、そしてこれから後のことであるが、平家が没落して義仲が入京してくると、これに対しては叔父の行家を、また鎌倉の頼朝を嚙み合わせる。さらに、頼朝がただ一人残って兵馬の権を掌握すると見てとるや、またも、弟の義経を対立勢力として育てあげようとしたのも、この法皇であった。

唯一の中央の権威としての法皇の地位は、かれらを相争わしめることによって、さらに強められることをよく承知していたのである。

このように後白河法皇は、武将としては古今稀にみるほど政治的手腕に長じていた源頼朝をして、「日本国第一の大天狗《だいてんぐ》」と嘆ぜしめたほど、奇策縦横、政略にたけ、この平安末期の大動乱期によく皇室の威と厳を堅持した。ある意味において、一流の大政治家でもあった。清盛の生前こそ、平家はこの法皇と対等にわたり合えたが、その亡き後は、平家一門は、法皇の思いのままにふり回されていたといっても過言ではない。

法皇は、清盛の死によって早くも平家の命運の尽きたのを見てとり、これに代って頭をもたげてくるものとして、源氏の棟梁に注目しはじめた。そして、その一人である木曽義仲が、関東の源頼朝に先立って、いままさに京都に入らんとしている。しかもその本営は、京都と目と鼻のさきにあり、朝廷と切っても切れぬ縁のある比叡山の真只中《まつただなか》にあるのだ。この際、いかに愛《いと》しい孫の安徳天皇が平家とともにあるとはいえ、落日の歩みを速めている平家に、皇室全体の運命を委ねてもよいものであろうか。

平家が、法皇と天皇と三種の神器を奉じて西海に走ろうと一大決心をすれば、法皇はまた、いかにもしてこの急場を逃れ、旭日昇天の新勢力である源氏によって、皇室の安泰をはからんと覚悟した。事は秘密と急を要する。法皇はわずか一、二名の供をつれ、二十四日の夜の更《ふ》けるのを待って法住寺殿を脱出し、鞍馬路《くらまじ》を経て比叡山の方へ、姿を消したのであった。

平家都落ち

二十四日の夜、宗盛は、妹にあたる建礼門院《けんれいもんいん》（高倉天皇中宮平徳子、安徳天皇母）と平家全盛の余栄をのこす六波羅殿《ろくはらどの》で、過ぎし栄華と一門の前途を思いやり、まだなんとかなろうと思っているうちに破局に臨んだ悔いに身をさいなまれながら、都の最後の夜を涙にむせんだ。そして翌二十五日の朝、法皇の逐電を知ったが、今となってはもはやどうすることもできない。せめて天皇と三種の神器を奉じて、急ぎ西国を目指すよりほかに方法はない。

六歳の幼帝安徳天皇は、どうして旅立たねばならないかは知るはずもない。憂《うれ》い惑《まど》いの色もなく、母建礼門院に抱かれて輿《こし》に乗る。平大納言時忠は、庭上を駈けまわって、あれこれと行幸の指図をするが、皇室の実際の権力者である法皇が平家を見捨てられたことがはっきりしただけに、廷臣も女官もただうろうろとするだけで、一向に仕度ははかどらない。このうえ手間どって、源氏が侵入してきて行幸までを押えられては一大事と、神鏡以下の三種の神器をともなうのがせいぜいという、まことにあわただしい出発であった。

つきしたがう公家としては、清盛の妻の兄にあたる平大納言時忠と、その子の讃岐《さぬき》中将時実《ときざね》、従弟の内蔵頭信基《くらのかみのぶもと》のわずか三人にすぎなかった。摂政の藤原基通《もとみち》は、一時は行幸の御供をして西国に赴こうと出発したのであるが、法皇の御幸がないので、都外れから車をそらせて、いずこともなく姿を消してしまう。摂政すらこうであったのだから、他は推して知ることができる。

平家は都を落ちるに際して、長らく住み馴れた六波羅殿・池殿《いけどの》（頼盛の邸）・小松殿《こまつどの》（維盛の邸）西八条（清盛の別邸）をはじめ、一門の人々の屋敷にすべて火を放った。二十余ヵ所の大邸宅は、一時に火焔に包まれて、ごうごうと焼け落ちていく。黒煙はもうもうとして天に満ち、都の空を無気味におおっていった。

今朝来の激変に胸もつぶされた右大臣九条兼実は、

昨日は官軍と称し、源氏等を追討すといへども、今は省符に違《たが》いて、辺土を指して逃れ去らんがごとし。盛衰の理《ことわり》、眼に満ち耳に満つ。悲しきかな、生死有漏《うろ》の果報、誰人《なんぴと》かこの難を免れんや。恐れても恐るべし。慎しみても慎しむべきなり。（原漢文）

と、二十年来ともに廟堂に列した平家の末路に、万斛《ばんこく》の感慨をこめた詠嘆を日記にとめている。

デマは乱れ飛んだ。源氏と平家が洛中で決戦するのだ。いや、平家は都落ちに際して、一門以外のしかるべき公卿たちを、みな無理に連れていくのだ。いやそうではなくて、京都中を全部焼き払うのだ。これらはいずれも真実ではなかったのであるが、偶像的存在であった法皇の行方は杳《よう》としてわからず、天皇は平家とともに西海へ落ちていく。しかも現実に火の手は上っている。デマが飛ぶのは当然であった。

公家をはじめ、洛中の人々は脅《おび》えに脅え、ただ右往左往するしか能がなかった。兼実もあわてて伏《ふし》見辺《み》に難を避けているし、藤原経房は、逃げだした屋敷が、幸いに焼けもせず暴民の掠奪にも荒されなかったのを知って、「ひとえに仏神の冥助なり」と喜んでいるのは、全く奇跡に近いことと思われたからであろう。

平家は、武家の棟梁としては失格したが、その二十年に及んだ政権が、貴族の栄耀のまさに消えんとするときの輝きにも似て、余りにも華やかであったがために、その没落の急激さと脆弱さは、まことにきわ立った対照をなしている。

それにしても平家の都落ちは、治承四年以来のぶざまな戦いぶりにくらべると見事だった。まさに、一門都落ちの名に恥じないものであった。ただ清盛の弟である池大納言頼盛が、母の池禅尼《いけのぜんに》がすぐる平治の乱後に斬られようとした頼朝の命乞いをして助けた縁によって、かねてから頼朝の庇護があったのであろう。それを頼みに、途中から都へ引き返して身を隠したのみであった。

前内大臣《さきの》宗盛を筆頭に平《へい》大納言時忠・平中納言教盛・新中納言知盛・修理大夫《しゅりのだいぶ》経盛・右衛門督清

宗・本三位《ほんざんみ》中将重衡・小松三位中将維盛・新三位中将資盛・越前三位通盛の公卿十人、内蔵頭信基・讃岐中将時実・左中将清経《きよつね》・小松少将有盛・丹後《たんごの》侍従《じじゅう》忠房《ただふさ》・皇后宮亮《すけ》経正・左馬頭行盛・薩摩守忠度・能登守教経《のりつね》・武蔵守知章《ともあきら》・備中守《びっちゅうのかみ》師盛《もろもり》・淡路《あわじ》守清房《きよふさ》・尾張守清定《きよさだ》・若狭《わかさ》守経俊《つねとし》・蔵人大夫業盛《なりもり》・無官《むかんの》大夫敦盛の殿上人《てんじょうびと》（五位以上で清涼殿《せいりょうでん》の昇殿を許されたもの）十六人に、中納言律師《りっし》忠快《ちゅうかい》（教盛の子）・経誦坊《きょうずぼうの》阿闍梨《あじゃり》祐円《ゆうえん》（経盛の子）に、清盛の妻時子の縁にかかる二位僧都《にいのそうず》全真《ぜんしん》・法勝寺《ほっしょうじの》執行能円《しゅぎょうのうえん》などの僧を中心に、この三年来の戦場生き残りの家人たちすべて七千余騎、万感の想いを胸にひめながら、淀から山崎を経て、都の空を後にしたのであった。

『平家物語』の名文にみてみよう。

あけぬれば、福原《ふくはら》の内裏《だいり》に火をかけて、主上（天皇）をはじめ奉て、人々みな御舟にめす。都を立しほどこそなけれども、是も名残はおしかりけり、海人《あま》のたく藻の夕煙、尾上《おのえ》の鹿の暁のこゑ、渚《なぎさ》々によする浪の音、袖に宿かる月の影、千草《ちぐさ》にすだく蟋蟀《しつそつ》（こほろぎ）のきりぎりす、すべて目に見え耳にふるること、一として哀をもよほし、心をいたましめずといふことなし。昨日は東関の麓にくつばみをならべて十万余騎、今日は西海の浪に纜《ともづな》をといて七千余人、雲海沈々《ちんちん》として、青天既にくれなんとす。孤嶋に夕霧《せきむ》へだて、月海上にうかべり。極浦《きょくほ》（水平線のかなた）の浪をわけ、塩にひかれて行《ゆく》舟は、半天《なかぞら》の雲にさかのぼる。日かずふれば、都は既に山川ほどを隔て、雲居《くもい》のよそにぞなりにける。はるばる来ぬとおもふにも、ただつきせぬ物は涙なり。浪の上に白き鳥のむれゐるをみ給ひては、かれならん、在原《ありはら》のなにがしの隅田川《すみだがわ》にと言問《こと と》ひけん、名もむつまじき都鳥《みやこどり》にやと哀なり。寿永二年七月廿五日に平家都を落はてぬ。

哀愁の武者

平家一門の都落ちは、批判しようとすればいくらでもできるが、とにかく哀憐きわまりない一巻の絵巻であった。

そこにはいくたの哀愁の武者が、それぞれの人間性と赤裸の姿をさらけ出して、痛切、今に人の胸を打つ舞台をくりひろげた。

東海・北陸と、二度の征討軍の大将軍として出陣した三位中将維盛も、妻子と別れる日のあることを平素から予期していたではあろうが、いざ永らく住み馴れた都を落ちのびる現実に直面するとなれば、やはり多感な青年の感情が表にあらわれた。北の方（夫人）は大納言藤原成親の娘であるが、維盛十五歳の時に見染めた初恋の人である。嫡子六代《ろくだい》はまだ十歳、その妹は八歳であった。ともに西海の果てまでとかきくどく夫人をなだめ、鎧の袖にすがる二人の幼児を、斎藤別当実盛の遺子で維盛に仕えていた宗貞《むねさだ》・宗光兄弟に托した別離は、悲痛をきわめた。

「すでに天皇の御一行は、遠くの方まで落ちのびなられたでしょう」と、弟資盛・有盛らにはげまされてようやく門出をしたものの、千々に乱れたその心は、思いやるだに哀切である。

薩摩守忠度（清盛の末弟）は、風雅の道をたしなむ武将であった。当代歌人の第一人者といわれた藤原俊成《しゅんぜい》にひごろ和歌の教えを受けていた。この二、三年の戦場往来で、心ならずも歌道にいそしむことのできなかった忠度ではあったが、生涯の面目に一首なりと勅撰集に師の推挙によってわが歌の入れられることをかねがね熱望していた。しかし、戦乱つづきと今度の都落ちで、その機会の永久に失われることが、ただ一つの心残りであった。一門の人々とともに、忠度もいったんは都を出たが、痛恨いよいよ胸に迫り、日ごろわが意を得たと思った歌を書きとめておいた歌集の一巻を、せめて師の俊成に形見《かたみ》として贈ろうと思い、危険をかえりみず途中から都に引き返した。「落人《おちうど》帰る」と騒ぐ召使を静めて、快く会った俊成と忠度の交情は、血腥《ちなまぐ》さい権力争奪に明け暮れた平安末期の世相におくる、まさに一陣の涼風にたとえられよう。後白河法皇の院宣《いんぜん》によって、文治三年（一一八七）俊成が完成した『千載和歌集《せんざいわかしゅう》』巻一に、「読人《よみびと》しらず」として、

さざなみや志賀の都は荒れにしを昔ながらの山桜かな

と、忠度の一首をのせている。

皇后宮亮経正《こうごうぐうのすけつねまさ》（清盛の甥）も、王朝文化の余香を一身に具備していた若武者であった。すぐる四月からの北陸追討には、副将軍として倶利伽羅谷で戦っているが、往路、琵琶湖岸から竹生島に詣でて琵琶を弾した。その玄妙な弾奏に、竹生島明神は白竜《びゃくりゅう》の形をしてあらわれ感応《かんのう》したとい

う。それほど、琵琶の名手としての誉れが高かった。

この経正は八歳の幼時から仁和寺《にんな》におり、御室御所《おむろごしょ》の覚性法親王《かくしょうほうしんのう》に仕え、かわいがられていた。古く平安時代の初めから大陸伝来の名器として天下に響いていた「青山《せいざん》」と号する琵琶は、村上《むらかみ》天皇（九世紀中葉）のころから宝物として御室（仁和寺の別称）に蔵されていた。覚性法親王にかわいがられた経正は、この「青山」を法親王より賜わって、この上なく大事にしていた。

いま都を落ちんとするに当って経正の脳裡にうかぶのは、幼いときから経正の精神的成長に大きな影響を与えた、仁和寺ですごした生活であった。寿永二年の御室御所は、すでに覚性法親王でなく守《しゅ》覚《かく》法親王であった。しかし経正は、わが青春の思い出を秘める仁和寺に最後の訣別《わかれ》を告げようと、都落ち寸前のあわただしい中を御室に駈けつけた。

心ゆくまで、寺にも法親王にも名残りをつくした経正は、

「青山のような名器を手放すのは大層名残惜しいことですが、これほどの名器を草深い田舎にまで持っていって朽ちさせるのは、まことに残念でございます」

の言葉とともに「青山」を法親王にもどし、砂煙のなかを桂川沿いに西へ落ちていった。

維盛といい忠度といい、また経正といい、平家一門にかくも見られる哀愁の武者は、坂東武者や木曽武士には決して見られないタイプである。平氏政権の基礎があまりにも脆弱であったように、この武士像には、みずからの力で自からを守る兵《つわもの》本来の性格は薄い。名を惜しむといっても、忠度式の

発想は貴族にはあっても武士にはなかった。愛児との別れに悲涙をのんだのは、この三月に十一歳の嫡子義高を頼朝のもとに質子《ちし》としてさし出した義仲とて同じであるが、その心情においては維盛とは遠くへだたるものがある。

ただ名器を惜しむ経正の心に、身を殺して子孫のために所領の安堵《あんど》を主君に願う地方武士と通ずるものを、わずかに認められるぐらいではなかろうか。

哀愁の武者に彩られた平家の姿は、定めなき人の世の理《ことわり》を如実に示すものではあったが、また、しょせん次代を担う武士としては、みずから不適格者であることを宣言した姿でもあった。

義仲上洛

七月二十五日は、騒動のうちに暮れた。翌二十六日は、諸方に散って源氏に当っていた平家の兵で京都へ帰ってきたものも、一門都落ちと聞いて後を追うか、あわてて逃げ出すかして、ほとんど京都から姿を消してしまった。

かわって早朝から、叡山の僧兵や不平分子などが京の街に入りこんできた。まぎれこんだ源氏の兵もあったにちがいない。かれらは平家に縁《ゆかり》のある家と称して火をかけたり、盗賊だと号して罪のない市民を捕えたり、乱暴狼藉を働いた。治安はすっかり乱れて、人々は妻子をかかえて諸方に隠れひそ

んだ。『吉記』に、

早旦《たん》(早朝)山僧など京に下り、路次の狼藉勝《あ》げて計《かぞ》ふべからず。(中略)人家一宇として全き所なし、眼前に天下の滅亡を見る。嗟乎《ああ》悲しいかな。

と、藤原経房は記している。

平家の落ちた二十五日のおそく、法住寺殿を脱れられてからいままで行方の知れなかった法皇は鞍《くら》馬路《まじ》を経て裏街道を叡山の横川《よかわ》に向かわれたことがわかった。天皇は平家によって西国へ伴なわれ、院政の主《しゅ》は杳《よう》としてわからず、君主のない京都で胸ふたがれていた公家は蘇生の思いがしたことであろう。

二十六日には、混乱のさ中を、前関白藤原基房をはじめ多くの公卿、殿上人は、それぞれの避難先から叡山なる法皇の仮御所円融坊《えんゆうぼう》へ急いだ。九条兼実も、その一人であった。召しによって法皇の御前に参進した兼実は、

「事態がこうなってしまったからには、義仲・行家などに、部下の兵士の乱暴を停めさせて、早く入京を御許しになったらよろしい。その後に法皇は早速院の御所へお帰りになるべきだと思います。もしそうしなくて、今のまま叡山にとどまっておられますと、暴民が京都を荒しまわるのは決して止まないでしょう」

と、奏上した。これは兼実ひとりだけの考えではなかった。「還御《かんぎょ》遅れたらば、洛中物騒休《ぶっそうや》むべから

ず」とは、公家一統の思いであったのである。

この議にしたがって法皇は、あくる二十七日、にわかに都へ還御され、蓮華王院《れんげおう》（三十三間堂）へ入ってここを法皇御所と定められた。

行列の先陣をうけたまわるのは、近江源氏の錦織冠者《にしごおりのかじゃ》義高である。つづいて木曽義仲を中心に樋口次郎兼光・今井四郎兼平以下の五万騎と誇称《こしょう》する東山・北陸の源氏勢は、法皇の輿《こし》を護って意気揚々と京都の地を踏んだ。叔父の志田三郎先生《せんじょう》義広も、甲斐源氏の安田三郎義定も、そのなかに加わっていたのはいうまでもない。

新宮十郎蔵人行家は、宇治橋をわたって南より京に進んだ。また丹波路を進んだ別働隊の矢田判官代義清は、大江山を経て京に入ったのである。かくて京都中には、源氏の勢が満ち満ちたのであった。

昨日までの平家の赤旗にかわって、今日は源氏の白旗を見る。しかもその白旗は、この二十余年のあいだ、都はおろか全国にわたって、おおっぴらには見ることのできなかったものであった。

その白旗をしたがえて、義仲が院の御所に参入したのは、翌二十八日の正午近くであった。蓮華王院の南門から入って御所の東庭に進み、階《きざはし》近く右に義仲、左に行家と相ならんでひざまずく姿を、法皇はじめ公家たちは複雑な思いをこめて眺めたことであろう。

その場に居合わせて、よく観察できた藤原経房は、当時の感慨を以下のように記している。

木曽冠者義仲、年三十余り、故義賢の男、錦の直垂《ひたたれ》、黒革威《くろかわおどし》の甲《よろい》を着け、石打箭《いしうちのや》を負《お》ひ、折烏《おりえ》帽子《ぼし》なり、小舎人童《ことねりわらわ》、取染の直垂に劒を帯ぶ。また替箭《かえや》を負い、油単を覆ふ。十郎蔵人行家、年四十余り、故為義の末子なり。紺の直垂を着、宇須部箭《うすべのや》を負ひ、黒糸威《くろいとおどし》の甲・立烏《たて》帽子を着く。小舎人童、髪を上げ、替箭を負ふ。両人の郎従あいならぶ七八輩、分別せず。（中略）両将進まず、西面して蹲居《そんきょ》（しゃがむ）す。大理《だいり》（検非違使別当《けびいしのべっとう》藤原実家《さねいえ》）仰せて云ふ、前内大臣（平宗盛）の従類を追討し進むべしと。両人唯称《いしょう》（謹んで承る）して退き入る。忽ちこの両人の容飾を見る。夢か夢に非ざるか、万人属目す。

旭将軍

義仲の栄進

二歳にして父を討たれ、それからの幼・少・青年期を、日陰の身として木曽山中に育った義仲が、今や三十歳の若き源氏の武将として、諸国に蜂起した諸源氏、ことに関東の頼朝に先だって平家一門を完膚なきまでに打ち破った。そして、二十年来、世の人の脳裡から忘れ去られていた白旗を、ふたたび堂々とひるがえして入京する胸中は、果していかばかりであったろうか。若ければ若いだけに、多感純情な自然児であればあるだけに、そして今までが余りにも日蔭の身としてすごしてきただけに、このときの義仲は、誰よりも喜びと悲しみと憤りと快哉と、あらゆる矛盾した複雑な感慨に満たされていたのではあるまいか。

この、入京した寿永二年（一一八三）七月二十七日と、院の東庭にひざまずいて後白河法皇から平家追討の院宣をたまわった二十八日の両日こそ、ある意味において、義仲の生涯における最良の日であり、もっとも幸福な日であったともいえるのであった。

なるほど義仲は、京都の土を踏んで三日目の三十日には、法皇から、親しく京中守護の最高責任者として多くの武将を指揮して院の御所をはじめ各官衙《かんが》・寺社寺院・院殿などの警備を命ぜられた。越えて八月十日には、平家討伐の最初の論功行賞として、従五位下《じゅごいのげ》左馬頭兼越後守に任ぜられている。これは、源平ならんで朝廷に仕えていたころの源氏最後の棟梁であった源義朝《よしとも》（義仲の伯父・頼朝の父）が、晩年になって叙《じょ》せられた官位と同等である。また、ともに信濃から兵馬を進めて、入京後はともすれば義仲よりも都通《みやこつう》をふりまわしてスタンドプレーをやろうとする叔父源行家の、従五位下備後守にまさること一段上のものであった。法皇から、はっきりと平家追討の功労第一人者と認められたことを示すものであった。しかも、義仲が越後守に不満をもつようにみえると、院は早速六日後の十六日には、それを伊予守に変更している。

十八日には、平家没官領五百余ヵ所のうちの百四十余ヵ所を与えられたようである。

義仲は、五ヵ月後（閏十月を含む）の十一月の末には、摂政藤原基通《もとみち》・内大臣藤原実定《さねさだ》の職を停め、権大納言藤原兼雅《かねまさ》の出仕を停めたのをはじめ、中納言藤原朝方《ともかた》以下四十余人の法皇の近臣を解官して、その所領を没収するほどの権力を発揮した。朝廷に対してこれだけの威力をふるったことは、かつて全盛時代の平清盛ですらなしえないことであった。

その翌十二月早々には、前摂政基通の所領八十六ヵ所を賜わっているし、平家没官領のすべてを管理すべしとの院の下文《くだしぶみ》をもらった。つづいて、権僧正《ごんのそうじょう》俊堯《しゅんぎょう》があらたに天台座主に任んぜられて、山門の最高位についたのも、ひとえに義仲の強力な推薦があったからであった。

明くる寿永三年（一一八四、四月十六日元暦《げんりゃく》と改元）正月六日には、三階飛びこえて、従五位下から一挙に従四位下にのぼり、その十日には、武門最高の栄誉である征夷大将軍に任ぜられ、いわゆる旭《あさひ》将軍となっているのである。

義仲が京都へ入ってからわずか半年足らずの間に、これほどまでの大躍進をみせているその経歴だけを見ていると、いかにも義仲は順風満帆、朝廷にも世人にも救世主と大歓迎を受けて実力を仰がれ、義仲自身もわが世の春を謳歌していたかのような錯覚を起させるであろう。しかし、事実は必ずしもそうではなかった。

寿永二年の八月ごろを境として、以後の義仲は苦悩と焦躁の連続であって、文字通り一日として気の安まる日とてはなかった。わずか半年間にみるこの経歴の華々しさは、逆に、義仲の苦境がいかに深刻であったかを示すものでもあったのである。

自然児

第一に義仲は、あまりにも武人でありすぎた。いなむしろ、あまりにも自然児でありすぎたといったった方がよいであろう。

義仲は、その育った環境からいっても自然児であった。眉目《みめ》こそ秀麗な武将であったが、粗野であり無教養に近かった。信州でも奥深い木曽山中の習俗は、決して都での習俗ではない。信州や北陸で尊ばれたもの、必ずしも都で尊ばれるとはかぎらなかった。しかし義仲は、木曽をそのまま都の中に持ちこんだのである。単に持ちこんだだけでなく、これを最上のものとし、都や朝廷の中でもこの木曽流で押し通そうとした。

武力に劣等感をもつだけに、有職故実《ゆうそくこじつ》（儀式・服飾・年中行事などについての格式作法）・詩歌管絃《しいかかんげん》・学問教養などの点から、公家の武士に対する軽蔑感は伝統的に強かった。自然児義仲は、それに気づくはずがない。自然児義仲には、自然児の部下しかいなかった。京都での生活と朝廷との接触のためにもっとも肝要な、有能な顧問と補佐に欠けていた義仲は、ますます純情に無邪気に愚行を積み重ねていった。

有名なエピソードがある。

中納言藤原光隆《みつたか》は屋敷が猫間《ねこま》（七条壬生《みぶ》付近という）にあったので、猫間中納言と呼ばれていた。その光隆が用があって義仲を訪ねると、取次いだ根井小弥太（木曽四天王）に、義仲は「猫が人間に面会に来たのか」と笑ったという。

これは義仲のユーモアというより、貴族社会では高貴な身分のものほど実名を呼ばずに、宿所名などで呼ぶ習のあるのを知らないか、あるいは誰がどういう呼名をもっているかに無案内であったことを示すものといえる。おそらく義仲の念頭には、そうしたことに注意を働かす神経はほとんどなかったのであろう。

話はまだつづく。義仲は光隆に信濃名物の平茸《ひらたけ》を御馳走した。辞退する光隆に、

「食事の時刻に来られた方に、何も出さないという法がありますか」

と、すすめているところをみると、これは義仲の素直な歓迎の意のあらわれであった。ところが後がいけない。田舎くさいお椀の極大の深いものに、飯を山盛りにして出す。しかも、そのお椀のきたないのを見て光隆は食べる気がしない。光隆にはきたなく見えても、その椀は義仲が仏事に使う椀だというのだから、信州では上等のものであったのだろう。義仲は、義仲なりに気を使っているのである。光隆と同じものを、義仲はうまそうにもりもりと食べる。光隆はそっと箸をとって食べるまねをするだけ。「猫殿（猫間殿といっていないところに注意）は小食だ」と義仲はせめる。光隆は、ほうほうの体で相談する用件も話さずに帰った、というのである。

公家の義仲観と、義仲の公家に対する無神経さがよく現われているではないか。

また、牛車の乗り方も知らないので、牛飼の小童に翻弄されて雑色《ぞうしき》（雑役をつとめるもの）などにまで馬鹿にされたという話も、『平家物語』や『源平盛衰記』にある。これらは、自然児義仲が都においていかに眺められたかという、その間の消息を伝えたものであろう。

前摂政藤原基房《もとふさ》の娘を無理にめとったのも、義仲にしてみれば、摂関家の姻戚になって公家社会を

牛耳《ぎゅうじ》ろうとしたからでなく、都の美女に魂をうばわれたための単純な所業であった。気に入った女性があれば、たとえ部下の妾であっても手に入れようとしたのは頼朝にもある。義経も、恋におちればかつての怨敵の一族平大納言時忠の娘とでも結ばれている。清盛ですら、義朝の妾常盤《ときわ》をむかえたといわれている。

だから、義仲が松殿《まつどの》摂政の娘をめとったのも、当時の武将にはありがちのことであった。しかし公家にとっては、将来の后妃とも噂された美女が、ことさら粗野で無教養な義仲に嫁したことは、最大の侮辱以外の何ものでもなかった。『源平盛衰記』は、いみじくも、

木曽殿（義仲）、近衛殿（摂政藤原基通）ヲ止《ヤメ》奉テ、師家《もろいえ》（松殿基房の子）ヲナシ奉ケル事ハ、松殿最愛ノ御女《むすめ》ミメ形イト厳ク御座シケルヲ、女御《にょご》・后《きさき》ニモト御労《いたわ》リ有ケルニ、美人ノ由伝聞テ、木曽推テ御聟ニ成リタリケル故ニ、御兄公トテ角《かく》計ヒナシ進セケルトソ聞エシ、浅増《あさまし》キコトトドモナリ。

と道破しているのは、まさに、公家のこの心情を示すものといえよう。

義仲と行家

このように生地《きじ》のままの自然児ぶりを発揮する義仲に、もっとも必要なのは有能な顧問・補佐役で

あった。しかし、覚明はすでに側近から席を外されていた。

普通ならば、叔父の行家が大いに甥の義仲を助けるべきであった。義仲が二歳の幼時から三十近くまで木曽の山中に育ったのにくらべれば、行家は少くとも二十歳ごろまでは京都で成人した。平治の乱（一一五九）に身を隠したといっても、京都との縁故の深い熊野の新宮であった。山国育ちの義仲とは比較にならない教養と文化的雰囲気を身につけていたとしても不思議ではない。

いま一つ、以仁王の令旨を諸国の源氏に触れたのがこの行家であったことを想起してもらいたい。行家は平家の眼をかすめて、熊野からはじめて近江・美濃から東海の伊豆にいたりさらに甲斐・信濃と触れ廻った。これは単に王の令旨を伝えるだけのメッセンジャーの役だけでなく、種々談合したであろう。各地の源氏が蜂起したところをみると、行家の説得力が相当大きかったことがわかる。こうしてみると、義仲よりは問題なく弁舌にたけていたと考えてよいであろう。

こうした義仲の持ち合わさない才能を有した行家は、寿永二年の春以来の義仲との交情を考えれば、入京後も義仲の力になるのが当然と思われる。しかし、事態はそうは運ばなかった。

何故なのか、はっきりした理由はわからない。しかし、思うに、行家は義仲よりも十歳の年長でしかも叔父である。甥の義仲に対する自負心もあったろう。しかもこの自負心は、武勲赫々たる甥に対する劣等感から、ますますあおりたてられたものではなかろうか。頼朝のもとを去ったのも、おそらくこの劣等感の裏返しになった自負心が、一つの原因でなかったかと思う。

弁舌にもたけ行動力にも富んだ行家は、各地の武士団を決起させた功績はたしかに大きい。しかし、武将として最大の資格である戦いに勝つことには恵まれなかった。墨股川《すのまた》の戦い以来、行家は敗戦の連続である。倶利伽羅谷でも搦手《からめて》の志雄《しお》攻めの大将であったが、義仲の来援を得てはじめて勝つことができたという有様《ありさま》であった。こうした不名誉の挽回を、入京後は一挙に図ろうという気持も多分にあったのであろう。

行家は、義仲を助けるよりはむしろ、その競争者としてふるまいはじめた。このたびの上洛戦において、木曽軍が近江へ進出してからは、行家は別働隊として義仲の本隊とわかれ、伊賀から大和へ進撃した。これも義仲の作戦ではなくて、行家の競争意識がこうした行動をとらせたのかもしれない。

七月二十七日、大津口と宇治口とにわかれて入京した義仲と行家は、翌二十八日、院の御所へ参上した。この二人が相並んで法皇に拝謁するのを見た公家は、早くも両人の対立関係を鋭敏に感じとった。九条兼実は、両人参入の報告を聞いて、

参入の間、彼の両人相並び、敢へて前後せず。権を争ふの意趣、これをもつて知るべし。

と、日記にとめている。

行家は、しだいに義仲に対する競争心を露骨にしてきた。甥の振舞が都人の嘲笑を買っていることを幸いと、如才なく公家衆にとり入りはじめた。義仲が院との接触に消極的であるのに反して、行家

はしげしげと院に出入りし、時には武将の柄にもなく双六《すごろく》の相手をつとめてまで法皇や近臣の好感を得ようとしている。それもこれも義仲同等あるいはそれ以上の地位にありつかんがためであった。

人づてに初参入の模様を聞いただけで、兼実は感得できた。こうした状態を、常に見聞している法皇や側近の貴族が、この義仲と行家の間に流れ出した悪感情に気ずかぬはずはない。

古来、権謀術数を弄《ろう》するのは貴族の御家芸《おいえげい》である。しかもみずから独自の武力をもたないので、武士たちをたがいに対立させ、かみ合わさせながら、かれらを思いのままに操るというのが後白河法皇の伝統的政策であった。法皇は、ことごとに両者を対立させた。そのことがかれらの墓穴を掘ることだと一向気づかずに、行家は義仲に対し、甥はまた叔父に対して悪感情を募らせていった。

八月にはいってから、法皇はしばしば義仲に平家追討のため西国へ出発せよと命じている。しかし義仲は、院宣を受けながらもなかなか発向しなかった。理由はいろいろあるが、留守中に行家が京都の実権を握って、義仲没落をはかることをおそれたことが、大きく物をいっている。さらばと法皇は、行家に発向を命ずると、今度は義仲が不満の色を示す。いままで武勲らしいもののない行家に、平家討滅の最後の栄光を持たれることになるからだ。

度々の院宣で、義仲は止むなく播磨《はりま》に向かって都を発った。九月二十日のことである。このときはもっとも信頼する乳母子《めのとご》の樋口次郎兼光を京都に残して、留守中の義仲代理を命じた。ところが備中《びっちゅう》（岡山県）まで進出した義仲に、留守をあずかる京都の兼光から、

「行家は、殿（義仲）の留守を幸いに、法皇のお気に入りを介して、さまざまに殿を悪く申し上げている。西国の戦さは一時中止して、直ぐに京都へ帰ってください」

との飛報がとどいた。義仲は直ちに軍を引き返し、夜を日についで閏十月十五日に京へ戻った。

これといき違いに、行家は丹波路を経由して播磨（兵庫県）へ下った。義仲は摂津《せっつ》路を京へ帰ったのだから、行家に、義仲と途中で出会いたくないという意志のあることがわかる。これからみても、兼光の報告は単なる噂ではなく、事実と考えてよいであろう。

これを最後として、義仲は行家と顔を合わせることは遂になかった。もちろん、以後、義仲存生中は行家は京都の地は踏めなかった。しかし、ここにいたるまでの数ヵ月間の義仲と行家の対立関係は、義仲にとっても行家にとっても、貴重なエネルギーの浪費以外のなにものでもなかった。たとえ法皇の操り糸に踊らされた結果であったにしても、その種子は、行家や義仲自身の蒔《ま》いたものであることは否定できない。

翌元暦元年（一一八四）の正月に、頼朝の名代として上洛する範頼《のりより》・義経《よしつね》の両従兄弟に率いられた大軍と、最後の血戦をしなければならない羽目に追いこまれた義仲が、その戦いの直前、残り少い兵力の一部を割いて河内《かわち》（大阪府）へ向け、樋口次郎兼光にそれを率いさせねばならなかったのは、前年末からそこに退いた行家が、義経に呼応して反義仲の旗を挙げたからであった。

義仲と行家、思えば不幸な甥と叔父であったといわねばならない。そしてこのとき連合した義経も、のちに、この叔父行家のために滅亡の途を早めねばならなかったのである。

北陸宮

そもそも、義仲が法皇を奉じて京都へはいってから、政局の最大中心問題は、平氏のことでもなければ源氏の問題でもなく、実に皇位継承の問題をどう解決するかということであった。六歳の幼帝安徳天皇は、皇位の象徴である三種の神器を捧じて、平氏とともに西海へと落ちていった。京都には院政の主としての法皇は在っても、権威の中心の天皇は不在である。安徳天皇をどうするか、あるいは後継の天皇を早く立てるべきか。これが公家一統の最大の緊急事であった。

神祇官や陰陽寮《おんみようりよう》の卜占《うらない》では安徳天皇の帰洛を待つのがよろしいと出た。三種の神器が安徳天皇とともにあるからには、当然のことであろう。しかし後白河法皇は、それを蹴って新帝即位の意向をもった。平家との関係を切り棄てて、安徳天皇と三種の神器だけが還御《かんぎよ》できるとは、現実問題としては先ず不可能である。かりに実現するとしても、それには相当の時間がかかるであろう。そうした長期間、朝廷を天皇不在のままでおくことは絶対にできないことである。現実政治家の法皇が、神器のない無理を押し切っても新帝即位の議をすすめたというのも、これまた当然のことであった。

八月の中旬ごろには、いくたりかの候補者のなかから、先帝高倉天皇の第三皇子（惟明《これあきら》親王）と第四皇子（尊成親王《たかひら》）の二方《ふたかた》にだいたいしぼられた。ところがここに、法皇にとっては思いがけないことがでてきた。それは義仲が、養和元年（一一八一）以来奉じていた北陸宮《ほくろくのみや》を、強力に推してきたことである。北陸宮はいうまでもなく以仁王の皇子で、以仁王は高倉天皇の兄でともに後白河法皇の息子である。だから、惟明・尊成両親王と同じく法皇の孫であって、血筋からいって皇位継承の資格においては全く同等であった。

法皇は、義仲と親しい俊堯《しゅんぎょう》僧正を遣わして、

「以仁王は皇位にはつかれなかった。だから皇位についた高倉天皇の皇子をさしおいて、北陸宮を即位させることは、皇祖の霊に対してもいかがかと思う」

と説得した。義仲は、「高倉天皇は平家の威勢におそれて、その無法に対してなにもなされなかった。しかし以仁王は、孝心が厚かったから、平家を討とうとして亡くなられたのである。法皇はどうして、この以仁王の身を亡ぼしてまで平家を倒して朝廷の権威を守ろうとされた孝心を、考えられないのですか」

と、反論した。義仲には、以仁王の令旨によって決起したのだとの念が強い。その王はすでに亡い。義仲純情であるだけに、亡き王に報いることを、その遺孤《いこ》の上に果したいとの念が人一倍強かった。義仲にしてみれば、以仁王の父である法皇が、何故にこの気持をわかってくれないのかと思ったことであろう。

それでも法皇には、義仲の議を入れる意志は初めからなかった。関白藤原基房・摂政同基通・左大臣同経宗《つねむね》らも、こぞって北陸宮に反対した。法皇は寵愛していた女房丹後局《たんごのつぼね》の夢想にしたがって、第四皇子尊成親王を即位させた。四歳の幼帝後鳥羽《ごとば》天皇である。八月二十日のことであった。

義仲は激怒した。兼実の日記によれば、

先づ次第（順序）の立てよう甚だもつて不当なり。御歳の次第によらば、加賀宮（北陸宮）を第一に立つべきなり、然らずんば、また初の如く兄宮（第三皇子）を先となさるべきなり。事の体《てい》、矯餝《きようしよく》（うわべをとりつくろう）に似たり、故三条宮（以仁王）の至孝を思食《おぼしめ》さざるの条、太《はなは》だもつて遺恨《いこん》なり。

と、いったというのであるから、相当なものであった。

しかし、公家の立場はまた別であった。北陸宮の適否いかんに関わらず、武士が擁立しているということ自体が、すでにいけなかった。義仲がいかに平氏追討に功があったとはいえ、また北陸宮を奉じたことが義仲の成功にいかに関係があったとはいえ、一介《いつかい》の田舎武者が皇位継承という朝廷最大の重事に干渉するとはと、いちじるしく公家の神経を刺激した。

平清盛も、むすめ徳子を高倉天皇の後宮に入れるには、長い準備期間と周倒な配慮を必要とした。あの政治的手腕のすぐれた頼朝ですらも、むすめ大姫を後鳥羽天皇の後宮に入れるためには、絶大な努力と公家の懐柔をしなければならなかった。しかも頼朝の場合は成功しなかったのである。清盛や頼朝が、これほどまで莫大な犠牲を払ってまで娘を皇室に入れんとしたのは、いうまでもなく天皇と特殊の縁を持ちたいからであった。

義仲の北陸宮推戴は、動機においては、おそらく義仲の純情から出たのだと思う。しかしそれが成就すれば、結果として義仲の意のままになる天皇が出現することになるのである。権威の淵源が天皇に発する以上、好むと好まざるとにかかわらず公家はその天皇に仕えねばならない。ということは、田舎武者義仲に対して、公家は誇りを捨てて、その意を迎えねばならないということだ。

入京後、半月にも足りない義仲に、これを許す公家でもないし、そうしたことができると思った義仲も甘かった。

法皇はじめ公家が、義仲に対して不快感を抱いたのは、なにも義仲の粗野と無教養だけが原因ではなかったのである。

武士の洛中狼藉

こうした公家の義仲に対する不快感を、さらに徹底させ、それが嫌悪感となり、忌避感にまで成長し、最後には義仲排斥運動となって現われてくる、いま一つの大きい原因は、ほかならぬ義仲の軍勢の京都における態度であり行動であった。

義仲や頼朝が兵を挙げた治承四年（一一八〇）以来、ここ数年は凶作が続いた。ことに養和元年（一一八一）は大凶作で、翌寿永元年にかけていたるところで餓死するものがでるほどであった。寿永二年は春から天候が順調でやや希望がもてたが、ほとんど焼け石に水の効果しかなかった。しかもこの災害は、西の方ほどひどかったのである。

信濃から北陸を経て京都に達するという長途の遠征のうえ、ようやくたどり着いた木曽軍の武士の見出した京都は、こうした災害の底にうめいている都であった。加うるに都の近辺は、治承四年以来の兵乱で荒れに荒れている。餓死者は数万を超え、世情はすこぶる穏やかでなかった。こうした食料不足になやんでいた京都へ、さらに多くの軍兵がはいってきたのだから、一体どんなことが起こるかは想像するに難くない。

しかも入京した源氏の軍勢は、義仲の命令のもとに一糸みだれぬ統制を保っているのではなかった。源行家の率いる部隊、甲斐源氏の安田三郎義定の一党、多田行綱などの摂津源氏と、いわば寄り合い世帯であった。なかで義仲の軍勢が一番強大であったが、のちに村上党や井上光盛などのように、信濃武士のなかでも義仲に反抗しているものが出てきていることでもわかるように、義仲自身もその支配下の軍勢に対して完全な統率力をもっていたか疑問である。このような多くの軍勢が入京した。その状態は、乱入という文字を使った方がよいかもしれない。

略奪、暴行、田や畑のものは、青いうちから刈りとって馬の飼料に強奪していった。

京の人々が、「平家も悪いことをしたが、それでもまだ平家のときは、恐ろしいだけであった。しかし源氏は、家の中にまで入ってきて奪っていくし、うっかり道で出合っても身ぐるみ剝がれてしまう。女などは、どこにいても安心がならない」とつぶやいたということだが、もって察することができるであろう。

九条兼実は、

「近ごろの世の中は、武士でなければ、一日も生きていくことができない。だから身分の高いものも賤しいものも、多くは京都から人目につかぬ片田舎へ逃げてしまった。京都の四方はみな塞《ふさ》がっている。四国と山陽道の安芸《あき》（広島県）から西、九州には平家がいるから、これを討伐しない限りはこの地方とは連絡がとれない。北陸・山陰両道は義仲の支配地になっているから、院の領地をはじめ一切の事務がとれない。また東山・東海道も、頼朝が上洛してこないうちは処理することができない。わずかに残るところは、畿内とその近辺であるが、ここの田畑の作物はことごとく刈り取られ、京中の神社仏寺や人家はどんなに辺鄙なところでも、全部荒らされた。荘園・公領から京都へ運ぶ租税は、多少にかかわらず、みな輸送の途中で奪われる。そのため市中の商売もできず、人々は、生活の道が絶えた。

このような災難がおこるのは、法皇がしっかりした政治をやらないことと、源氏（義仲）の軍勢が悪いことをするからだ」

と、日記にしるしている。

義仲にも、充分責められる理由があった。世の源氏に対する非難が高まると、義仲は、「生命を長らえて法皇を守るために、兵粮米《ひょうろう》として、金持から余分の米を少しばかり取上げたからといって、どこが悪いのだ。武士というものは、特別に馬を大事にするからこそ、敵を破ったり城を落すことができるのだ。馬が弱っては手柄をたてることができない。だから、その馬に食べさせるために、青刈《あおがり》（未熟な作物を刈取る）するのは悪いことではない。院や公家は、兵粮米を少しも下さらないではないか。なにしろ五万余の大軍なのだ。兵たちが少々物を奪ったとて仕方がない。身分に高い低いはあっても、腹がへっては戦さができないのは、武士も公家とかわりがない」と、公言したと『源平盛衰記』は伝えている。まさかとも思うが、自然児義仲であるから、いいかねない放言である。京都の人心が義仲をはなれていくのは、まったく当然であった。

後白河法皇は、平家一門の都落ちにも加わらず、ひそかに叡山へ逃れる離れ業を敢行するほど義仲の入京を鶴首して待っていた。それだけ、義仲に対する期待が大きかったのである。ところが、聞くと見るとは大ちがい、期待が大きかっただけに、その失望も大きかった。

かくて、「たのむところはただ頼朝の上洛のみ」というのが、法皇はじめ公家一統の切実な悲願になっていったのである。

もともと後白河法皇は、諸国の源氏のなかでは、はじめから、木曽義仲より源頼朝を高く評価していた形跡がある。

叡山より還御された三日後の寿永二年七月三十日、平家追討についての最初の論功行賞の銓考《せんこう》会議で、法皇の明らかにされた意向は、「今度の義兵、造意（工夫をこらす）は頼朝に在りといへども、当時の成功の事は義仲・行家なり」というのであった。この法皇の意を体した公卿たちは、勲功を第一に頼朝、第二に義仲、第三に行家と等級をつけた。

現実に義仲ならびにその軍勢の行動をみて失望した法皇は、八月中旬、近臣中原泰貞を鎌倉へ下して、即刻頼朝の上洛をうながす院宣を伝えた。泰貞が帰京する十月まで、朝廷中は頼朝の噂でもちきっていたという。頼朝を指す「逆徒」とか「凶賊」あるいは「謀叛ノ賊」の文句はいつしか公家の日記から消えて、代わって、「憑《たの》ム所ハ只《ただ》頼朝の上洛」とか「頼朝ノ為体《ていたらく》、威勢厳粛、其ノ性強烈、成《せい》敗《ばい》分明、理非断決」といった讃辞となった。

十月宣旨

義仲の悪評に対して、頼朝の評判はすこぶる高まったが、さらにそれを決定的にしたのが、いわゆる「十月宣旨《せんじ》」と呼ばれるものであった。頼朝は法皇に対して、「東海・東山・北陸三道の国々からの年貢は、頼朝が責任をもって京都まで送りとどける。その代りに、今まで頼朝が行なっている三道の諸国の支配権を、朝廷として正式に承認していただきたい」と、申しいれた。

うちつづく凶作と戦乱で、年貢の納入の全く絶えた京都の貴族たちは、大いに苦しんでいた。そこへこの申し入れである。大歓迎を受けたのは当然であった。しかし、法皇は慎重であった。いかに悪評が高いとはいえ、現実に京都で勢力をふるっているのは義仲である。法皇は義仲をはばかって、頼朝の提案から義仲の支配下にある北陸道の三字を削って、

「東海・東山両道の国衙《こくが》領・庄園の年貢は国司・本所のもとへ進上すべし。もしこれに従わないものがあれば、頼朝に連絡して命令を実行させよ」

という宣旨を発令した。これが十月宣旨である。

これによって頼朝は、坂東八ヵ国以外に、東国全体の最高の権限の所有者として、正式に認められたことになった。北陸道こそ除かれているが、東山道が認められたのだから、義仲の本拠地であった信濃・上野もその中に含まれることになる。近江源氏や美濃源氏、甲斐源氏も、これからは頼朝と対等ではなくてその指揮を仰ぐ立場にならざるを得なくなった。背けば、朝廷に背く逆賊の汚名を負うことになるからである。

この宣旨によって頼朝は、鎌倉に居ながらにして、京都の公家たちを一挙に義仲から離して頼朝側にひきつけるのに成功した。そして、諸国の源氏をして、頼朝はかれらよりは一段と高い地位にある

ものだということを、否応なしに認めざるをえない立場にした。

まさに、政治家頼朝の手腕が、百パーセントに発揮された場面であった。

頼朝の手腕

十月宣旨にみられるように、頼朝は、単に外交手腕を発揮して自己の立場の確立をはかるだけではなかった。いずれ義仲と対立しなければならない頼朝は、義仲を直接の敵として打倒するための準備工作に、着々と乗り出していった。

頼朝は、法皇からしばしば上洛の催促を受けたが、いろいろの理由をあげて時期を延した。こうして公家をじらしたあげく、志田三郎先生義広が京都にいるのは不愉快であると、凄味をきかせている。頼朝が憎んでいるものだから、もし頼朝の早期上洛を望むならば、義広を京都から退去させるのが先決問題だという意志表示だ。

義広とは、いうまでもなく頼朝の叔父で、常陸にいた豪族であったが、頼朝と対立して信濃へ逃れ、義仲のもとへ身を寄せたことについてはすでにくわしくのべておいた。この義広は、義仲軍の一方の将として北陸遠征に参加し、ともに上洛していた。しかも、同じ叔父とはいいながら行家とはちがって、義広はよき支持者として義仲をもりたてていた。義仲滅亡の最後まで、義広は甥のよき協力者であったようである。

その義広を、頼朝が憎んでいるからといってどうして追放することができるであろうか。法皇にも公家にも、義仲を怒らしてまで断行する勇気は毛頭ない。のちに義仲は、自分の名代として義広を平氏追討使に任ぜられんことを院に願い出ているが、この間の事情を知ったからであろうと思う。とにかく、こうした公家には不可能なことをわざわざ頼朝が申し出ているのは、嫌がらせにしかすぎないようにみえるが、義仲・義広の心理にあたえた効果は相当なものがあったのではなかろうか。頼朝の、いわば正面切っての義仲に対する神経戦の開始といえるであろう。

寿永二年（一一八三）十二月七日、信濃の武士中野助弘《すけひろ》は信州高井郡中野郷の西条の下司職《げししき》（荘園を管理する下級役人）に補せられた。信濃は義仲の根拠地であるから、義仲が任命するのが当然であるが、義仲ではなくて醍醐禅師全成《だいごのぜんじぜんしょう》である。全成は頼朝の弟であるから、信濃武士のなかで、義仲よりも頼朝の方に権威を認めるものがあったことが、これでもって知ることができる。しかも中野助弘は、はじめから頼朝側の武士ではなかった。三年前の治承四年十一月十三日には、その所領を義仲に安堵《あんど》してもらっているのである。

こうしてみると、もともと義仲方の武士であったものが、途中で頼朝側についたということになろう。それが他国ならばいざ知らず、義仲の根拠地である信濃で起こったことであった。

義仲が都で公家相手に馴れぬ仕事に忙殺されている間に、頼朝の手はここまで伸びていたのであった。

尾藤太知宣《びとうたとものぶ》という武士がいた。これも信濃の武士である。『吾妻鏡』によると、義仲が討死した直後の元暦元年（一一八四）二月二十一日、頼朝から紀伊国（和歌山県）田中庄を知行することを許された。この田中庄は、前年の八月に義仲からもらったところであった。このように義仲の部下の武士であったが、頼朝からの働きかけによって、内々関東に通じていたのであった。

こういうことは、中野助弘や尾藤太知宣のような小武士にだけ見られたことではなかった。義仲が平家を都から追い落すために進撃していたときは、甲斐源氏の安田義定は、呼応して郎党を率いて東海道を上っていったし、信濃源氏の大族井上太郎光盛《いのうえのたろうみつもり》は、義仲麾下にあって重きをなしていた。村上基国を中心とする一族も同様であった。多田行綱らの摂津源氏も、淀川の河尻を押さえて大活躍をした。

ところが義仲が苦境に立つにつれて、これらの大武士団が次第に義仲にそむいていく。摂津源氏は日和見主義をモットーとする一族だから別としても、安田義定・井上光盛・村上基国らの武将が、義仲打倒の側に廻ったのは、頼朝からの働きかけが大いに影響したと思われる。

木曽党の有力者の一人であった木曽中次《ちゅうじ》などが、屋島の合戦に家子《いえのこ》を率いて義経の軍に属して大活躍をしている。これも、同様のケースと考えてよいであろう。

このように義仲の戦力は、戦わざる以前から、京都においても根拠地においても、日に日に弱められていった。

頼朝の手腕には、恐るべきものがあったといわねばなるまい。

水島の敗戦

義仲は、七月二十七日に入京してから後、二ヵ月近くを京都にとどまって、貴重な時間をなすところなく空費した。これは、なにも義仲が、都の生活のものめずらしさと美女に身も心も奪われて、そぞろになったがためばかりではなかった。義仲は、動こうにも動きがとれなかったのである。粗野というよりも、むしろ都の生活や殿上人との交際に無知に近かった義仲は、何故に法皇はじめ公家たちが、義仲に対して特に悪感情と冷たい態度しかとらないのかと、どうしてもその理由がわからなかった。説明したり、アドバイスしてくれるものもなかった。武士の仲間からも、小才のきくものは次第に義仲からよそよそしくなっていくものが増えてきた。義仲も、だんだんと面白くなくなってきた。こうして、義仲には原因がわからないままに、日に日に自分が都では邪魔ものあつかいにされ、嫌われ、はては排斥されそうな情勢が生まれつつあることだけはよくわかった。

義仲がいかに善意でもって行動しても、それが、ことごとく逆の意味にとられてしまう。たまらないいらだちと、訴えどころのない不満が、日を追って義仲の心に鬱積していった。そして、気をとり直して、それを晴らそうとして動けば動くほど、ますます義仲の評判は下がっていった。

義仲にいわせれば、法皇はじめ公家の有力者がこぞって、平氏の追討には義仲の半ばの力も尽していない源頼朝を勲功第一とするばかりかそれに望みを託し、その上洛をひたすらに待望していることが、もっとも気に食わなかった。現に平家を都から追い落して京都にいる義仲をさしおいて、なんの頼朝だ。これが義仲の最大の言い分であった。だから、この空気をそのままにしておいて、もし義仲が法皇の命令どおりにこのこと平家追討に西下して都を留守にすると、入れ代りに頼朝が入京してくる。そして、今までの義仲の苦心の成果を、ことごとく反故《ほご》にしてしまうのではないか。この不安が、現実問題としてもっとも大きかった。事実、そうした気配は、充分にあった。

平家は一時九州で不振であったが、瀬戸内で次第に勢いを盛りかえし、すでに四国の讃岐《さぬき》（香川県）まで引返しているとの情報は、義仲の耳にも達していた。平家は長門《ながと》（山口県）の彦島《ひこしま》と讃岐の屋島《やしま》の二つの拠点を確保し、安徳天皇の行在所《あんざいしょ》（仮りの宮殿）を屋島に設け、瀬戸内海一帯の制海権を押さえた。その勢いで山陽道を支配し、つぎつぎと京都に近づいてこれを回復しようとする作戦をとっていた。これを知らない義仲ではなかった。が、それでも軍を発しなかったのは、義仲は、いたくて京都にとどまっていたのではなかった。西下するには、西下するだけの保証を必要とした。留守中の京都での立場が、崩れないようにする準備が必要であったのである。

法皇の矢のような重なる催促で、やっと義仲は腰をあげた。いな、腰をあげざるをえない立場に追いこまれたといった方がよいであろう。しかし叔父の行家は、もはや義仲陣営から離れてしまったことは分明《はっきり》している。義仲の出陣は、行家を押し籠めるためだという噂が当時流れたことで、この間の事情が推定できる（『玉葉』）。

義仲は、もっとも信頼のおける乳母子《めのとご》で木曽四天王の一人である樋口次郎兼光に、対頼朝、対行家の警戒ならびに京都の留守の全権を託して、九月二十日、実に二ヵ月ぶりで平家追討の白旗を播磨《はりま》（兵庫県）に進めた。

一気に播磨まで進出した義仲であるが、そこで十月はじめまでとどまっている。京都の樋口から、頼朝の上洛が近いとの情報があったからだ。もし事実ならば、このまま京都を迂回して北陸へ帰る。また、上洛がさし迫ったことでないことがわかれば、予定どおり平氏を追討する。そのいずれをとるべきか情勢判断をするためであった。

それにしても、今度の義仲西国行の兵力は、北陸道をひた押しに京都を目指していたころの、五万余騎と誇号していたときの木曽軍と比べると、かなり減っていた。叔父行家の部隊と安田義定などの甲斐源氏の一党は、すでに義仲の指揮下を離れていた。多田行綱の摂津源氏らも、おそらく別行動をとっていたであろう。信濃武士の中でも、井上太郎光盛や村上基国などの一族は、もとのように従っていたかどうか疑問である。しかも、義仲不在中に留守隊長として京都にとどまる樋口兼光のもとにも、相当の兵力を残しておく必要があった。あれやこれやで、このときの義仲の兵力は、上洛時の半ばにも及ばなかったのではないかと思う。

ところで義仲は、このたびの征旅に備中（岡山県）の豪族妹尾太郎兼康《せのおたろうかねやす》をつれていた。兼康は平家の名だたる勇士であったが、すぐる倶利伽羅の戦いで加賀の豪族倉光三郎成澄《くらみつさぶろうなりずみ》に生捕りにされ、以後ずっと義仲の陣中にあった。この兼康が、今度の西国行を絶好の機会として、故国備中へ帰って義仲を討とうと、言葉巧みに義仲をあざむいて先発した。義仲は倉光成澄を同行させたのであるが、備前（岡山県）の三石《みついし》の宿（和気郡三石町）で成澄を謀殺してしまった。そして急いで備中に帰り、檄を飛ばして兵を集め義仲の進出をくいとめようとした。

ようやく頼朝の上洛は間近でないと知った義仲が、兵を動かして播磨と備前の境の舟坂《ふなさか》にかかったとき、この報せを受けとった。激怒した義仲は、直ちに今井四郎兼平らに備中への急進を命じ、福輪寺畷《ふくりんじなわて》（岡山市北部）から板倉《いたくら》（吉備郡高松町）にかけて兼康軍を襲撃し、ほとんどこれを皆殺しにしてしまった。数こそ上洛時より減じたとはいえ、木曽軍はやはり勇猛ぶりにはいささかの劣えも見せていなかった。

つづいて義仲は、海を渡って讃岐の屋島の平家の本拠を衝こうとした。その渡海準備と前進基地を確保するため、相当の兵力を備中の水島《みずしま》（玉島市南部）に先発させた。『平家物語』によればその数七千余騎とあるが、これには誇張があるにしても、かなりの大部隊を派遣したことは間違いない。そして、木曽谷の旗挙げ以来、木曽四天王とならんで常に義仲の側近にあった腹心の部将、矢田判官代義清と海野《うんの》弥四郎幸広に指揮をとらせた。義仲の期待を一身におうた義清と幸広が、水島に進出したのが十月下旬である。そして、平重衡・通盛を将とする平軍との間に戦いが開かれたのが、閏《うるう》十月一日であった。

水島の戦いは、いままでの陸戦とはちがって海戦が中心となった。衰えたりとはいえ平家は、瀬戸内海を含む西国を中心に発展した武士団である。海戦の経験も深く水軍《すいぐん》とのつながりも強かった。それに反して山国や雪国育ちの木曽軍は、山野の戦いにこそ自信はあったが、舟戦《ふないくさ》さはもっとも不得意であった。慣れぬ海戦にしては木曽軍もよく戦ったのであるが、勝負はすでに明らかである。大将の矢田義清・海野幸広の両名をはじめ高梨《たかなし》次郎高信《たかのぶ》など有力な武士十余名がみな討死するというさんざんな目にあわされた。

水島の戦いは、大敗北に終ったのである。義仲は西下の足を、ぴたりと止めてしまった。

法住寺殿の焼打ち

この間に京都の情勢は、ますます義仲に不利になっていった。

頼朝の請にしたがって、院がいわゆる十月宣旨を発して、頼朝に東海・東山両道の支配権を公許したのは、この留守中のできごとであった。また法皇は、頼朝と義仲の中をとりもとうともしたが、その和平条件として出された、義仲は上野・信濃の両国を支配して北陸道は押領しないというのは、法皇が一方的に決めたことであって、義仲のなんらあずかり知らぬことであった。こうした法皇と頼朝の間にかわされた取引も、この留守中のことであった。加うるに行家が妙な動きをはじめ、院と義仲の離間をはかって暗躍しだした。

こうした京都の政情不安にたまりかねた留守隊長の樋口兼光は、急使を義仲のもとに走らせた。水島の戦いで義清・幸広の二将をはじめ、高信以下の有力な部下を失った義仲は、進撃の足をぴたりと止めて、京都と平家の情勢をはかりながら、天下の形勢を観望していた。そこへ兼光の急使が到着した。義仲は、最悪の事態が切迫したと、直ちに平氏追討を中止、夜に日を継いで京都へ引き帰してきた。閏十月十五日のことである。

義仲にしてみれば、このたびの西下は初めての敗戦という痛手を負った戦いであった。その兵力は、出発時とくらべると格段と減少していたという。

義仲帰洛の情報を事前にキャッチした法皇は、極力その上洛を阻止しようとしたが、効はなかった。木曽軍ふたたび入京すとの報に、すっかり反義仲色に染まった院中の男女は、あわてふためいて大騒ぎとなった。その騒がしい様子で事情を知った都の人々は、ついこの間までの軍勢の乱暴を想い出し、あわてて家財道具を運びだすやら、妻子を田舎の方へ隠すやら大騒動となった。これほど恐れられた義仲であったが、帰洛してきても、留守中に完全に頼朝一辺倒にかたまってしまった院を、もとに戻すことはできなかった。行家の行動にも、たしかに不審は多かった。

デマはまた飛びはじめた。義仲は平家とひそかに和平を結んできたのだ。いや、義仲は後白河法皇を奉じて北陸に赴こうとしているのだ。こうした人心不安の根本を絶とうとして法皇は、義仲を詰問した。しかし義仲は、かえって法皇に、

「法皇をお怨み申上げることが二つあります。その一つは、頼朝の上洛を促がされるのはよろしくないと申しますにもかかわらず、法皇には義仲の言うところを御聞きにならなくて、なおも頼朝に上洛すべしと御命じになったことです。

いま一つは、頼朝のいうがままに十月宣旨を東海・東山・北陸道の諸国に下されたことです。この宣旨には、もし朝廷の命に随わないものがあれば、頼朝に命じて征伐させるとあります。この宣旨のことは義仲生涯の遺恨であります」

と訴えている。「義仲生涯の遺恨」というのも大げさではない。さきにものべたように、実際には義仲をはばかって法皇は北陸道を省かれたのであるが、東山道には、義仲の本拠地の信濃・上野が含まれている。もし宣旨の通り実行されれば、この両国の朝廷に対する命に背いたものの処罰権は、義仲にはなくて頼朝が握ることになるからだ。

かくて、院と義仲との関係は、このころを境として決定的な険悪さを加えていった。

義仲との対決を恐れた行家は、院宣にしたがって、わずかの手勢を引きつれて西下していった。も

ちろん、平家追討のためである。法皇は義仲にも出陣を命じたが、頑《がん》として聞きいれない。代りに義仲は、同じ叔父の志田三郎先生義広を追討使に命じて、備後国を賜わらんことをしばしば願った。法皇は、まえに頼朝が義広を悪《にく》んでいるとの申し入れもあったので、これを許さなかった。さきに打った頼朝の布石《ふせき》が、こんなところで生きてくるのである。

義仲が去って、さらに勢いを盛り返してきた西国の平家は、その先鋒は中国路から播磨（兵庫県）まで進出してきた。十月宣旨により東国の年貢を京都へ運送する名目で、頼朝の代官として鎌倉を発った源九郎義経《げんくろうよしつね》と蒲冠者《かばの》範頼《のりより》の率いる大軍が、都に迫ったとの風評も高い。院も公然と義仲を非難する。義仲はますます苦境に陥った。

かくて院と義仲と、融け合わないままに睨み合うこと一ヵ月、ついに十一月十七日、法皇は主典代《さかんだい》景宗《かげむね》を義仲のもとに遣わして、最後通牒を伝えた。

「義仲は謀叛をはかっていると密告するものがあるが、もし事実無根ならば、速やかに院宣に従って平氏追討のため西下せよ。また、院宣に背いて頼朝の代官の入京を防ぐのならば、義仲一人の資格でやれ。朝廷は関知しない。もし西下せずに京都にとどまっているならば、噂どおり義仲謀叛と考える」

というのであった。そして十八日にかけて、院の御所法住寺殿《ほうじゆうじどの》に続々と武士を集結しはじめた。

多田行綱の摂津源氏、頼光の系統の源光長《みつなが》・光経《みつつね》の父子一族はじめ畿内近国の武士は院方であった。

信濃源氏の村上判官代基国も、義仲にそむいて法住寺殿にはいった。後鳥羽天皇は十八日にこっそり院に移られた。延暦寺の明雲《みょううん》座主《ざす》や園城寺の長吏円恵《えんけい》法親王も集まったが、これはもちろん山門・寺門の僧兵を院方につけんがためである。仁和寺の守覚法親王も移ってこられた。

代って上西門院などの女院は院を出て、ひそかに他所へ移られた。法皇が、義仲との一戦を真剣に決意されたことは、これでもわかるであろう。九条兼実は、法皇に、義仲の軍勢は少数であるが非常に精強であるからと軽挙を戒めたが、聞き入れられなかった。なお北陸宮は法皇とともに院にいたが、十七日の夜いずこともなく院中から姿を消されたのは、おそらく義仲側からの連絡があったものであろう。

ここにいたるまで義仲は、奥州の藤原氏、播磨まで進出した平家と結んで頼朝に当ろうか。あるいは後白河法皇を無理に連れ出して北陸へ戻り、平家と頼朝軍を挟撃しようか、そのどれが上策で可能性が多いかに迷っていた。しかし、ことここにいたっては、義仲も最後の覚悟を固めねばならなかった。前の両策のいずれを採るにしても、まず第一に院の反義仲勢力を一掃しなければならない。義仲は、法住寺殿を攻撃することを決心した。

ひとたび決心すると義仲は、自然児たる本領を遺憾なく発揮する。院方の寄せるのに先立って、十一月十九日、決然として義仲は法住寺殿の攻撃を樋口・今井・楯・根井らの四天王に命じた。木曽武者には、主の鬱憤がよくわかっていた。勇み立ってゴマスリ武士や空威張《からいばり》する公家を討とうと押し寄せた。

戦いは正午ごろから始まった。一時の寄せ集め武士や殿上人に守られた法住寺殿の備えは、あまりにもろかった。一時《ひととき》のちには、もう黒煙につつまれて燃えはじめ、二時《ふたとき》のちには完全に院方は敗北してしまった。

辛うじて猛火の中を脱出した法皇と天皇は、義仲軍のために、別々に幽閉されてしまった。源光長・光経父子も討たれた。村上基国は奮戦したが、これも討死した。多田行綱だけは、ようやくにして摂津へ逃れることができたが、院方の武士は、いずれもさんざんな目にあわされたのである。討たれたのは武士だけではなかった。明雲座主も円恵法親王（後白河法皇皇子）も兵刃に倒れた。守覚法親王の助かったのは、奇蹟といってもよいほどで、多くの公家・殿上人・女官たちも命を落しあるいは傷を蒙ること武士とかわりはなかったのである。

以後の義仲の行動は、狂気じみてさえいる。戦いの翌々日、藤原光長以下百余人の院中の輩の首を、五条河原に曝した。同日、寵愛する美姫の親、関白松殿基房と謀り、摂政藤原基通の職を停め、内大臣藤原実定をやめさせて、寵姫の兄師家を内大臣に任じ摂政を兼ねさせた。藤原氏の氏長者にしたことは当然である。こうして宮中の高官の大更迭《こうてつ》を行なった義仲は、つづいて二十八日に、権大納言藤原兼雅《かねまさ》の出仕を停め、中納言藤原朝方以下の後白河法皇の近臣など四十余人の官職を解いて、その所領を没収した。十二月にはいると、藤原氏の家領の中から八十五ヵ所をとり、平家没官領のすべてを義仲が管理することになった。十日には、法皇に強要して頼朝追討の院宣を出させ、それを奥州の藤原秀衡のもとにも送らせている。明雲座主の跡に、日ごろ親しかった俊堯権僧正を推挙して叡山に送りこんだのも、このときであった。だから世人は、俊堯のことを木曽座主《きそのざす》と呼んだ。

あくる寿永三年（四月十六日元暦《げんりやく》と改元、一一八四）正月十日には、武門最高の栄誉たる征夷《せいい》大将軍に任ぜられた。名実ともに「旭《あさひ》将軍」になったのである。

ここにいたるまでの義仲の行動は、見た目にはいかにも滑稽である。まるで、喜劇の中の人物のようだ。しかしその実、この滑稽さの裡《うち》には、自然児義仲の深い悲しみがかくされているのである。

寿永二年の後半に、京洛でひろげられた人間喜劇は、まさに深刻な悲劇であった。誰に義仲の振舞を笑う資格があるであろうか。

宇治川の戦い

さきに義仲との対決を避けて西下した行家は、すでに播磨に進出していた平軍と、十一月二十九日、室泊《むろどまり》の津（兵庫県揖保《いぼ》郡御津町）で衝突した。そして平知盛・重衡らの指揮する軍に包囲されて木葉《こっぱ》微塵《みじん》に打ち破られた。行家は都へ帰ることもかなわず、高砂（兵庫県高砂市）から手負の郎党わずか二十余騎とともに舟に乗り、和泉を経て河内の長野（大阪府河内長野市）へ逃げこんだ。

前には木曽軍を水島でたたき、いまはまた行家を室泊で破った。これで平家に対する源氏の直接の圧迫はなくなったのである。平家は一応安心して瀬戸内海を中心に、中国・四国から播磨・摂津にわたって自己の勢力圏とすることに、専心できる状況になってきた。

これを頼朝の側からみるならば、いかに京都において義仲の評判が悪いにしても、上野・信濃から北陸道、近江・畿内にかけてはその支配下にある。この義仲と、奥羽を除いた東海・東山両道の大部分を従えた頼朝と、さきの平家と、まさに三大勢力が鼎立している状態にある。いま院の招きに応じてこのまま頼朝の軍勢が都に入ったとき、もし義仲が北陸道に帰っておれば、東国勢は木曽と平家の両者から挟《はさ》み撃《う》ちされる状態となって、現在の義仲の二の舞を演ずるおそれが充分にある。しかもこの場合、義仲と平家の間に連絡がとられると、頼朝は天下の三分の二をその半分の力で相手にしなければならなくなる。義仲と平家との和議、これが頼朝のもっとも恐れるところであった。

宮廷や都ぶりの生活については無知であった義仲も、戦略にかけては、やはり当代第一流の武将である。平家にならって、後白河法皇を奉じて北陸へ下り、捲土重来を期すことを真剣に考えた。この噂はすでに十月ごろから院中に流れていたが、事あるごとに義仲は打ち消してきた。しかし法住寺殿を焼き打ちしてからは、法皇の八条院への御幸《みゆき》をとめるかと思うと、急に石清水八幡宮へ遷そうとしたり、あるいは法皇を奉じて西下して平家を討とうとか、いろいろの意志表示をしだした。これらは、いざというときに法皇を奉じて北陸へ下るための、院の意向打診と考えてよいであろう。

また義仲は、はじめて入洛したときに、叡山のもつ重要性をよく認識したが、このたびもそれを想起した。義仲の息のかかった俊堯権僧正を、明雲の後任に推挙し、天台座主として山門へ送りこんだ。叡山大衆を義仲陣営につなぎとめておくのが目的であることは、いうまでもない。これだけではまだ心許《こころもと》ないとして、山門大衆あてに誓状も送ったようである。

その一方において、すでに室泊の津から摂津に進出している平家と交渉して、ともに協力して頼朝の東国勢にあたろうとの和平工作をひそかに開始した。

すでに義仲をあきらめ頼朝の上洛を待つ心になり切っている法皇は、早くから義仲が法皇を奉じて北陸へ下る計画をしていることを予想した。それで、極力、義仲に言質を与えることを警戒し、乗ぜられる隙をみせなかった。比叡山も、せっかく苦労して俊堯を座主として送りこんだにもかかわらず、いたずらに世人に木曽座主の称を残しただけで、肝心の大衆は俊堯の意のままにならず、むしろ反義仲的色彩をみせはじめた。

平家との和平工作は、ある程度うまく進んだ。一時は平家も乗り気になって和睦の気配をみせないでもなかったが、まだ決定的な握手を見るまでにはいたらなかった。そして年を越えた元暦元年（一一八四）正月になって、義仲が法皇を奉じて北陸へ下るとの情報を得た平家が、それでは約束が違うと申し出てから、一時中止してしまった。

このように義仲の計画は思うように進まなかったが、それにも増してこの義仲の戦略を根底からくつがえしたものは、義仲に、これらの工作を成功させるに必要な時間を与えなかったほど急速な、義経に率いられた東国勢の進出であった。

寿永二年（一一八三）の暮れに鎌倉を出発した東国勢は、道々各地の武士を合わせて膨大な兵力になり、翌年正月八日にはすでに美濃・伊勢に入ってきた。義仲の遣わした軍勢は、たちまち蹴《け》散らされてしまった。ここで東国勢は大手《おおて》・搦手《からめて》の二つに分れ、大手は範頼が率いて近江から、義経は搦手の将として大和からと二方面から京都に迫った。正月十六日には、近江の義仲軍は、押し寄せる東国勢に圧迫されて京都に退却してきた。叡山が反義仲になったうえに、近江まで東国勢が進出しては、義仲が法皇を奉じて北陸へ下向する順路は閉されたことになる。義仲の計画の実行は、とみに困難になっ

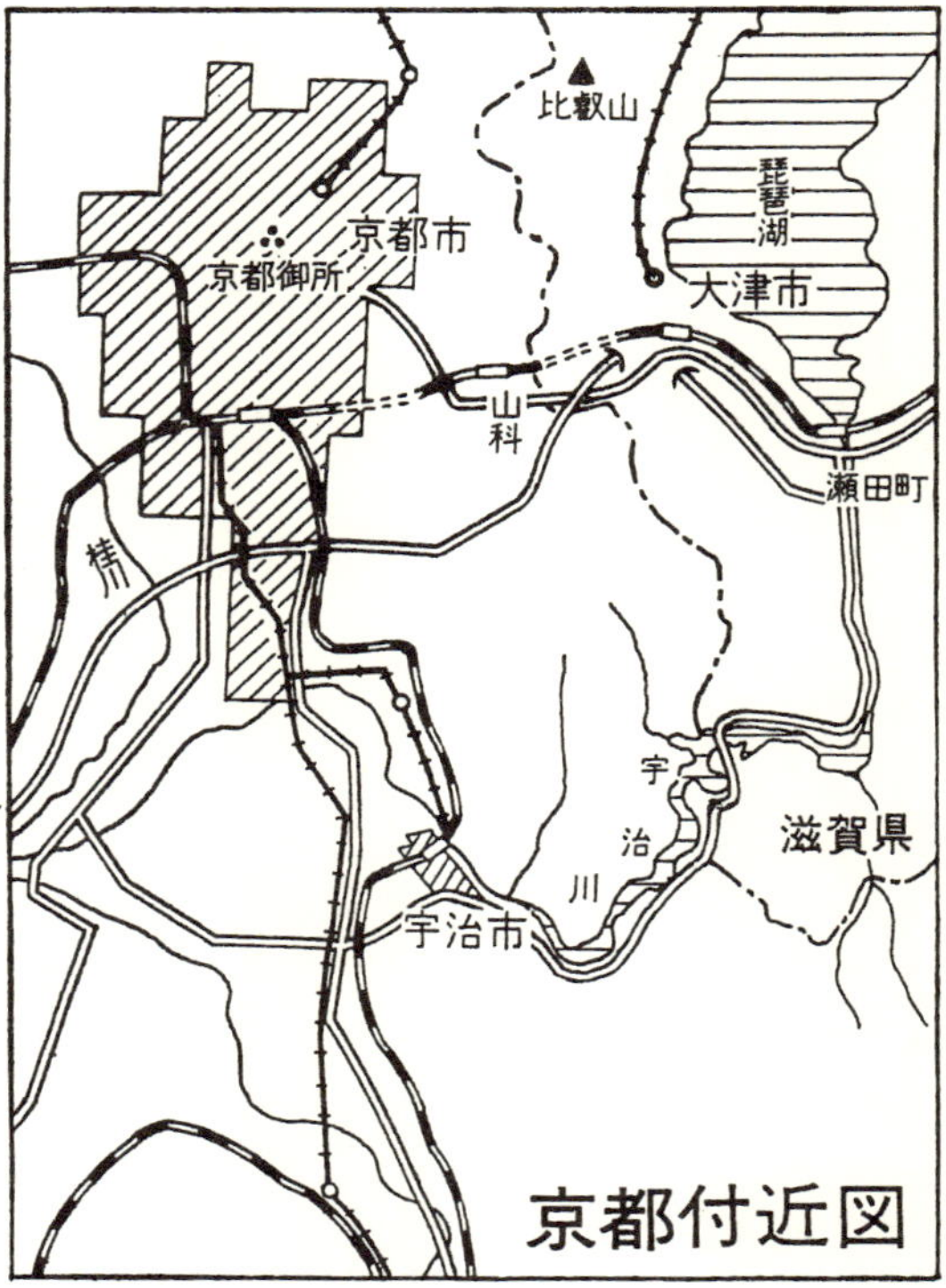

京都付近図

てきた。

このころ平家は、すでに福原《ふくはら》(神戸市)まで進出していた。しかし足下をみすかして、なかなか義仲の和平交渉再開に応じそうにもない。

こうした最悪の状況に直面した義仲の足下で、前に河内の長野に逃げこんでひそんでいた行家が、またもや不穏な動きをみせてきた。村上基国の一族は法住寺殿のときに義仲に背き、多田行綱らの摂津源氏もそのとき以来、義仲の敵となっていた。井上光盛の信濃源氏や安田義定の甲斐源氏も、今はすでに東国勢の中に加わっている。水島の戦いで矢田義清・海野幸広以下の有力な部下もかなり失われた。義仲の兵力はとみに減少していた。そうした一兵でもほしい義仲ではあったが、足下の行家の叛を見逃すわけにはいかない。十九日、樋口次郎兼光を行家討伐のために河内へ派遣せざるを得なかった。

同じ十九日に、大手より迫る範頼を支えんとして今井四郎兼平の八百余騎を瀬多へ、搦手の義経軍には、叔父の志田《しだ》三郎先生《せんじよう》義広を大将に、のこる四天王の根井行親・楯六郎親忠をはじめ仁科高梨・依田《よだ》らの信濃武士をつけ、もはや残り少い兵のほとんどを率いて向かわせた。

わずかな手勢だけで京にとどまった義仲は、すでにこのとき討死を覚悟したのであろうと思う。

伊勢から伊賀・大和を経、宇治から京に迫ったのは、源九郎義経を大将として、河越《かわごえ》太郎重頼《しげより》・同小太郎重房《しげふさ》・佐々木《ささき》四郎高綱《たかつな》・畠山《はたけやま》次郎重忠《しげただ》・梶原《かじわら》平三景時《かげとき》・同源太《げんた》景季《かげすえ》・糟屋《かすや》藤太《とうた》有季《ありすえ》・渋谷《しぶや》右馬《うまの》允重助《じょうしげすけ》・平山武者所《ひらやまむしゃどころ》重季《しげすえ》・渋谷庄司《しょうじ》重国《しげくに》などに率いられた勇猛果敢な東国勢であった。すぐる治承四年（一一八〇）に源三位頼政が非命に倒れた宇治川畔に進出したのは、正月二十日の朝であった。

橋板はすでに破り取られている。乱杭《らんぐい》・逆茂木《さかもぎ》の打ちつけられた宇治川は、折りから雪解け水を加えて滔々《とうとう》と流れている。この障害は、さすがの東国勢もはばむかに見えた。渡ろうとすれば、対岸の木曽勢から雨のように矢が注がれる。

この両軍の対峙を破ったのが、生月《いけづき》なる名馬に乗る佐々木高綱と、磨墨《するすみ》という俊馬をあやつる梶原景季によって展開された有名な宇治川の先陣争いであった。この先陣争いに刺戟された坂東武者は、鬨声《ときのこえ》をあげてこの川を突破した。

勇猛さでは坂東武者に劣らぬ木曽武士ではあったが、頼みとする宇治川を渡られては、兵力の差はいかんともしがたい。みるみる木曽勢は圧倒されて、散り散りに打ち破られた。安田三郎義定は、昨日までは陣営をともにして戦った木曽勢を、今日は義経の指揮下にはいって破っている。人の世の姿を象徴することともいえよう。

大将志田義広はいずこともなく落ちていった。根井行親・楯親忠は、なんとかして義仲に合しようと、乱軍の中を木幡《こはた》・伏見の方へ馬を返していった。

四ヵ月後の五月十五日、伊勢に逃れてひそんでいた義広は、波多野《はたの》三郎などにみつけられ、終日合戦したがついに討たれている。これより二年後のことであるが、行家も頼朝の代官北条時定《ときさだ》に和泉で捕えられ、文治二年（一一八六）五月十二日、ついに赤井河原で斬られた。頼朝・義仲・義経らの一世代前の義朝の兄弟たちは天寿を完うしたものは一人もなく、みな兵刃が非命に倒れたのであった。

旭将軍の末路

木曽軍の宇治防衛線を突破した東国勢は、逃げる木曽軍のあとを追って京都へなだれこんだ。瀬多に向かっていた範頼の大手軍も、橋板をめくられた瀬多口を強攻する愚を避けて、巧みに浅瀬を見つけて渡河し、一部を今井兼平の軍勢にあてて、他の大部分は逢坂山《おおさかやま》を越えて京に向かった。東国勢は予想通り二方面から京都に迫ったのである。

このことあるをすでに覚悟していた義仲は、この日、戦いのまだはじまらないさきに院へ参り、法皇に別れを告げた。半年前の入京から今日に至るまでの経過を思い、さぞや義仲の胸中は感無量なるものがあったであろう。

『源平盛衰記』は、この義仲の院参入を、法皇を強いて北陸へ下向せんがためとし、近臣などが大いに騒ぎ立てたとしている。その後も、しばしば義仲の強要があったが、幸いに事なきを得たという書きぶりであるが、これは果してどうであろうか。義仲の性格から考えれば、事の成否は別として、法皇を奉じて北陸下向を強行する可能性は充分にあるし、兵力も時間もまだあった。しかし、義仲の方から積極的にそういう行動に出たとは、『源平盛衰記』の記事からも感得されない。義仲が院に来れば、これ以外の目的ではないと決めてかかっている公家側の一人相撲の感さえある。もちろんそれは、前年の十二月以来の義仲の言動がそうさせたのであるし、義仲にその意志がなかったわけではない。

しかし、この正月十六日以後、最悪の状況になった義仲は、もうその計画を放棄したのではなかろうか。少くとも十九日に、幼児以来むつみ親しんだ兼光・兼平の乳兄弟をはじめ、旗挙げ当初からの腹心である根井や楯の四天王をそれぞれ京都を離れた諸方へ派遣し、独り都にとどまったときに、義仲の胸中を占めたのは、武将として立った身には武将としての最後を飾りたいという兵《つわもの》の心以外にはなかったのではないかと思う。

わたくしは、この二十日の院への参上は、恩怨を超えた武将として義仲が、法皇に最後の訣別を惜しまんがためのものと考えたい。その意味において『平家物語』が、

宇治・勢田やぶれぬと聞えしかば、木曽左馬頭（義仲）、最後のいとま申さんとて、院の御所六《ろく》条殿《じようどの》へ馳せまいる。

とあるのが、よく義仲の心情をあらわしていると思う。

京都へ突入した義経は、洛中での戦いをそれぞれ部将らにまかせて、みずから河越太郎重頼・同小太郎重房・佐々木高綱・畠山重忠・渋谷庄司重国・梶原景季の六騎の豪勇の武者をひきつれて、長駈

ただちに院の御所の六条殿に向かった。もちろん、法皇が義仲に奪われたり、院中が軍勢によって乱暴されることを防ぐためである。砂煙は蒙々とたち、馬蹄と剣戟の響きと、わめきあう声のとどろく中で、門を閉して息をひそめていた法皇はじめ院の貴族たちは、さぞやホッとしたことであろう。御所の東の土塀の上に登って、ふるえながら怖々外《こわごわ》の様子をうかがっていた近臣の一人大膳大夫《だいぜんのたいぶ》平業忠《なりただ》が、嬉しさのあまり土塀の上から転り落ちて、したたかに腰を打った。しかし、嬉しすぎたので痛さも覚えなかったという話が伝えられている。公家の喜悦の情がまざまざとしのばれるではないか。

それにしても、これほどまでに恐れ嫌われたとは、思えば義仲も可哀そうな人間である。

ところで、院に暇乞いを告げた義仲は、直ちに戦場に向かったのではなかった。ある意味で都での義仲の最大の収穫であったともいえる、関白松殿基房のむすめのもとへ急いだ。ここで最後の別れを惜しんで幾刻かをすごしている。死を目前にしての、最後の饗宴ともいえるであろう。

「この行為は武将にあるまじき振舞いである。敵はすでに賀茂の河原にまで攻め入っているのに、どうして愚図々々《ぐずぐず》しているのだ」と、郎党の越後中太能景《えちごのちゆうたよしかげ》や加賀の土豪津波田《つばた》三郎が、腹かき切って出陣を促したほど、義仲が寵姫のもとにとどまっていたのは長かったという。

これは、見ようによっては、都の美女に魂をうばわれた義仲の狂態とも、あるいは、四面楚歌につつまれた義仲の自暴自棄の姿とも、考えられないではない。しかし、この深窓に育った摂関家の美女は、普通ならば宮廷裡におのが身をおくのが自然の成行《なりゆき》であったのだ。それが義仲の出現によって、運命が狂わされたのである。没落の関頭に臨んだ義仲の心に、自分の犠牲となった美女に涙する情が起こらなかったと断言できるであろうか。薄幸の身に育った義仲であっただけに、自分と結ばれたがために不幸な将来に直面しなければならない美女の運命に、痛切な心のいたみを感じたと推定できないであろうか。

わたくしは、外見上は狂態とも自暴自棄ともとれるほど長く美女との別れを惜しんだという義仲の行為自体に、この義仲の深い悲しみと、摂政のむすめに対する心からなる謝罪の意があらわれていると思うのである。

越後中太と津波田三郎の諫死《かんし》により、今はこれまでと義仲は、上野武士の那波《なわ》太郎広純《ひろずみ》など百余騎ばかりの手勢で、六条河原に打って出た。せめて最後は義仲のもとでと、宇治から駈けもどった梶井行親・楯親忠とも、幸いに合体することができた。あわせて三百余りの軍勢で、木曽武士の真価を見せようと、六条河原で奮戦した。

しかし勝ち誇った東国勢の大軍は、あれぞ義仲とばかり、四方から殺倒してきた。義仲を中心に固まった木曽勢は、いくたびもその大軍の中を駈けめぐった。その度ごとに兵は減っていった。楯六郎親忠は、河越小太郎重房の勢に討ちとられた。つづいて佐々木高綱勢の攻撃で、高梨兵衛忠直らは討死した。ようやくこれを退けると、渋谷庄司重国の一党が控えている。義仲のはじめの三百騎は、大分数が減っている。その小数で渋谷陣に突入した。根井行親の姿はここで消えてしまった。

義仲はこうした激戦の末、ようやく包囲軍を中央突破し、残る巴御前以下数十名の手勢で六条河原を後にし、山科《やましな》を経て近江に向かった。

すでに、時刻は正月二十日の夕暮れに近かった。

木曽殿最期

逢坂山を越えて近江に足を踏み入れたとき、義仲らはもう主従七騎になっていたという。

かかりしかども、今井が行方《ゆくえ》をきかばやとて、勢田の方へおちゆくほどに、今井四郎兼平も、八百余騎で勢田をかためたりけるが、わづかに五十騎ばかりにうちなされ、旗をばまかせて、主（義仲）のおぼつかなきに、宮《みや》こへとつてかへすほどに、大津の打出《うちで》の浜にて、木曽殿にゆきあひたてまつる。互になか一町ばかりよりそれと見知つて、主従駒をはやめてよりあふたり。木曽殿今井が手をとつての給ひけるは、「義仲六条河原でいかにもなるべかりつれども（討死するはずであったが）、汝がゆくえの恋しさに、おほくの敵《かたき》の中をかけわつて、是まではのがれたるなり」。今井四郎、「御諚《じょう》（おことば）まことに忝なう候。兼平も勢田で打死つかまつるべう候《そうらい》つれども、御行えのおぼつかなさに、これまでまいつて候」とぞ申ける。木曽殿「契はいまだ朽ちせざりけり。（中略）」との給へば云々。

これは『平家物語』の誇張ではあるまい。散々に打ち破られて、再起の望みどころか討死をすら避けがたくなった今、義仲の心に浮かんだのは、あの横田河原の凱歌や、倶利伽羅谷の大勝利や、または、五万にのぼる全軍の先頭に立っての意気揚々たる京への入城、あるいは、信濃では夢にもえがけなかった優艶な都の高貴な美女との睦《むつ》み合いではあるまい。

二歳の幼児から今日まで、ともに兄弟同様に育ち、山野の駈けっこや、馬をせめるときなど常に側を離れなかったもの、ことには、木曽谷の旗挙げから今日の敗戦に至るまで、影の形にそうごとく、片時《かたとき》も離れずに近侍して、陰に陽に義仲の心となり手となって働いてくれた樋口次郎兼光と今井四郎兼平の、乳兄弟の面影であったのではなかろうか。

その一人樋口次郎兼光は、はなれた河内に行家を討たんと出陣して、今は会うすべもない。せめて瀬多の守りについている兼平に、今生での再会はできないものであろうか。『平家物語』のこのくだりは、惻々《そくそく》として義仲の心境を訴えてくるではないか。

ここに、人間義仲の面目躍如たるものがあると思う。幼にして父を討たれ兄と顔を合わせることもできず、伯父や従兄に命を狙われるという薄幸の境涯に成人した義仲は、兼光・兼平・巴の兄弟妹たちこそ、なにものにも代えがたい絆であったにちがいあるまい。

乱軍のうち、いくたびも討死の危機の訪れたなかで、幸いにもめぐり会えた義仲と兼平、今はもはや思い残すこともなかったであろう。

木曽四天王とうたわれた根井行親も楯六郎親忠も、六条河原で討死した。今日の日まで義仲を見棄てなかった信濃の高梨党の忠直や、上野の那和太郎も洛中の戦いで姿を消してしまった。最後まで従ってきた手塚太郎光盛も、近江へ入ってからの敵襲で討たれてしまった。

六条河原への出陣から、義仲が兼平とめぐり合うこの時まで、巴御前は、あの乱軍の中をよくぞ義仲の側をはなれずに付いてこれたものである。木曽の女武者として、すでに早くから知れわたった武勇の誉れが、巴御前をしてこれほどの活躍をさせたものではあろう。しかし、彼女にこれほどの気力を与えたのは、死ぬのならば、わが主君であり乳兄弟であり、かつは恋しい夫でもある義仲とともにということであったのではなかろうか。

義仲はこの巴に、「木曽殿の最後の戦さに、女をつれていたといわれるのも心外である。お前は女だから、早くどこへなりと行くがよい」と因果を含め、戦場から逃れることをすすめた。巴は「さらば最後のいくさをしてお目にかけましょう」と、御田《おんだ》八郎師重《もろしげ》という坂東武者の勇士を討ち取って、涙を抑さえて落ちていった。

のちのことであるが、信濃に帰って義仲はじめ諸将の菩提をとむらっていた巴は、鎌倉に召し出されて和田義盛《わだよしもり》の妻となった。が、和田一族が北条氏のために滅ぼされたのち、尼となって越後に移ったと伝えられている。その真偽を、今は尋ねるすべもない。なお、信州で義仲創建の伝承をもつ唯一の寺である徳音寺（西筑摩郡日義村）の境内に、巴御前の墓と称するものがある。この寺にはまた、義仲・兼光・兼平の画像といわれるものを寺宝として今に伝えている。

かくて残るは、義仲と兼平の主従、ただ二騎となった。

兼平はしみじみと、「わたしは、ここでしばらく防矢《ふせぎや》をしましょう。そこに見えるのが粟津《あわづ》の松原というのです。あの松原の中で御自害をして下さい」といった。義仲は、「都で命を落すべきであったが、ここまで逃れてきたのは、汝と一しょに死のうと思ったからだ。別れ別れになって討たれるよりは、同じところで討死しよう」と、兼平とならんで敵中に突入しようとした。急いで兼平は義仲の馬を押さえ、

「武夫《もののふ》たるものは、平素どんな立派な評判があっても、最後の時に不覚をとると、長く後の世まで汚名が残るものです。とるに足りない誰かの家来に討たれて、人の口の端にかかるのは残念です」と、主の義仲に心静かに自害させるべく、無理に粟津（大津市膳所）の松原へ追いやったのである。

さらばと義仲は、ただ一騎かなたの松原へと急ぐうちに、薄氷の張った深田に馬が足をとられたとき、どこからともなく飛んできた流れ矢に兜《かぶと》の内側を射られた。深傷《ふかで》にどっと倒れるところを、相模の三浦の一族石田次郎為久《ためひさ》に遂に討たれてしまった。

思えば哀れな最期であった。ときは元暦元年正月二十日、夕闇はすでに四辺《あたり》に迫っていた。春秋三十有一歳であった。

義仲を討ったという石田為久の名乗りを聞いた兼平が、直ちに後を追って、ともに粟津ヶ原の露と

消えたことはいうまでもない。兼平ときに三十三歳であった。

大津市内の馬場町、義仲寺《ぎちゆうじ》には義仲の墓がある。この寺の起源は、一説によると、近江の国主佐々木高頼《たかより》が天文二十二年（一五五三）に石山寺《いしやまでら》に詣でた折り、義仲の墓が畑のなかにぽつねんと侘《わび》しげに立っているのを眺め、「源家大将軍の古墳、守るものなくんばあるべからず」といって一寺を建立した。それがこの寺だという。しかし『近江《おうみ》輿地志略《よちしりやく》』には、はじめある僧がこの塚のそばに庵《いおり》をむすび、義仲庵《ぎちゆうあん》と称した。それが義仲寺の前身であると記されている。

せまい境内に、宝篋印塔《ほうきょういんとう》の義仲の墓があり、そのうしろに、義仲をこよなく愛惜した俳聖芭蕉の墓がある。のちに伊勢の俳人又玄《ゆうげん》は二人の墓に詣で、

　木曽殿と背中あはする夜寒かな

と詠んだ。

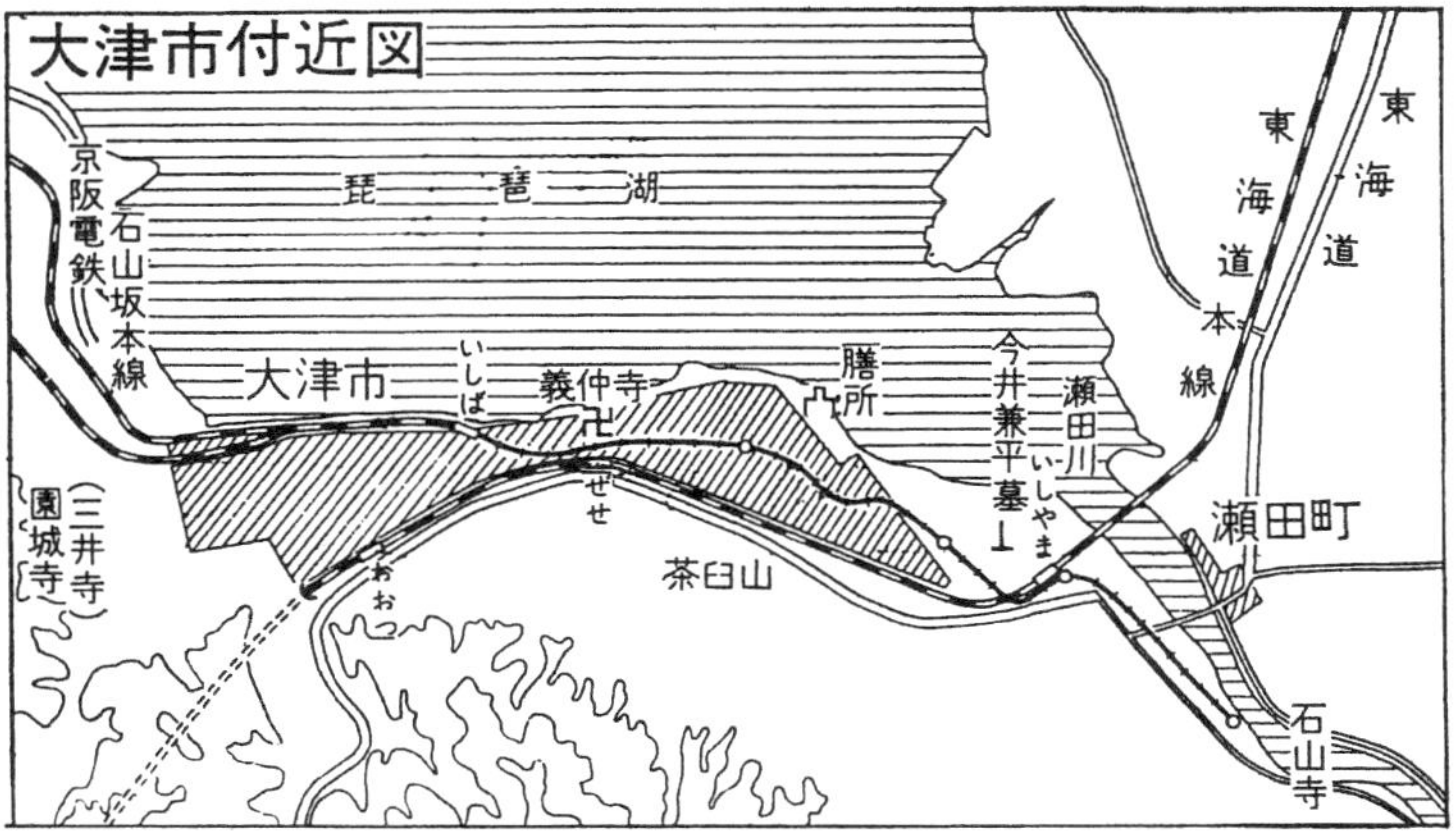

また、義仲の最期の地である粟津ヶ原の一角、東海道線石山駅の近くには、義仲に殉じた今井四郎兼平の墓が、木立に囲まれてたたずんでいる。

乳母子

公家の権威に基礎を置く古代の秩序が乱れはじめ、地方の混乱が極限に達した平安時代の末期に東国で生まれ、武士を中心とする新しい時代がまさに誕生しようとする寸前にこの世を去っていった義仲の、三十一年の短い生涯をかえりみるとき、いろいろの感慨と人の世の複雑さがわれわれの胸をしめつけてくる。とともに、こうした困難な世を生きた義仲の人間とその足跡を考える場合、乳母子《めのとご》というものが、いかに深いつながりをもっていたかにも思いいたらされる。

乳母子とは乳母《うば》の子供のことである。乳母とは、いうまでもなく生母に代って幼児に乳を与えて育てる女性である。だから、乳母の子供は、同じ乳を呑んで育ったもの同志ということから乳兄弟《ちきようだい》ともいった。つまり、乳母子とは乳兄弟のことである。

乳母の風習は古くからある。奈良時代は「ちおも」といっている。本来は母乳の不足とか、なんらかの事情による母子の別離などによって起こったのであろう。しかしこれが風習とまでなったのは上流階級、主として貴族社会のことであって、必ずしもすべての人が、幼児の哺育を乳母にゆだねたというのではなかった。一般に乳母は、育てる幼児の家より身分や地位の低い家の女性があたったものである。

源氏や平氏のように武家の棟梁といわれる家は、貴族の出身である。また地方官として田舎にいることが数世代にわたったにしても、摂関家の家人とか院の侍《さむらい》などの縁によって京都で生活する機会にも時間にもめぐまれていた。こうしたことから、武士ではあっても、棟梁家のような上層武家の間でも、乳母を置くようになっていた。武家社会では、この乳母のことを「摩々《まま》」と呼んだようである。ところで、自分の腹を痛めたわけではないが、主家の子を自分の乳で育てるということは、単純素朴なことであるが、それだけに、乳母やその一族のものの感情にくい入るもののあることは、理屈抜きに深い。その点は主家の方とても同様であった。乳母やその一族が、主家のために献身する。主家はまた乳母の一家ことにその夫を登用することに務める、ということが現われるのも、ある意味において自然の成り行きといえよう。

建久六年（一一九五）上洛した源頼朝が、その政治手腕と智謀と財力と武力のあらゆるものを傾けて計画した娘大姫《おおひめ》の入内問題は、見事失敗した。頼朝を向うにまわして手玉にとったのは、後鳥羽天皇の朝廷随一の実力者土御門通親《つちみかどみちちか》であった。当時、通親が関白藤原兼実、太政大臣兼房、左大臣実房ら以上の権力を持つことができたのは、いろいろの原因はあるが、再婚した妻が、かつて天皇の乳母をつとめた高倉範子《たかくらのはんし》であったというのが大きな一つの理由である。

またこの後鳥羽天皇が上皇となって院政をひらかれたとき、名実ともに院政の影の実力者であった卿《きょうの》二位《にい》というのは、ながく天皇の乳母であった藤原兼子《かねこ》であった。

乳母や乳母夫と主家との間にこのような関係のみられるのは、なにも公家だけには限られなかった。武家においても同様である。

飛騨大夫判官景家は、上総介忠清・越中前司盛俊とならんで、平家三勇士と謳われた侍大将であるが、この景家は、清盛の亡きあとの平家の総帥宗盛の乳母子であった。宗盛は、事あるごとに景家を登用しようとした。平家の大作戦には、いつも景家が侍大将として名を連ねている。景家も充分その意に報いようとした。北陸遠征の際には維盛らの将軍と激論したといわれているが、一介の侍大将があえて平家の公達と対等に振舞いえたのも、景家が宗盛の乳母子であったことが無関係であるとは思えない。

源義朝が平治の乱に敗れ、その子頼朝が平家に捕えられたときは十三歳の少年であった。清盛の継母池禅尼《いけのぜんに》のはからいでようやく生命が助かり、遠く伊豆の蛭ヶ島に流されたのであるが、この十三歳の少年孤児に救いの手をさしのべるものはほとんどなかった。ただなにくれとなく心を砕いてくれたのは、頼朝の幼い時からの乳母であった比企尼《ひきのあま》だけである。尼はそのためにわざわざ都から故郷の武蔵国比企郡に帰り、そこから食料を送って頼朝の生活上の面倒をみた。もしこの乳母がなかったならば、頼朝は、餓死しないまでも、果して二十年の配流生活を切り抜けることができたかどうか疑問である。尼は食料を届けるだけではなく、長女の婿《むこ》である安達盛長《あだちもりなが》を頼朝に近侍させた。盛長もまた乳母子の夫として、乳母子同様の真情をもって常に忠勤をはげんだ。伊豆時代の頼朝の生活は、全く乳母と乳母子によって支えられていたといっても言い過ぎではない。

この関係においては、木曽義仲がもっとも典型的である。斎藤別当実盛が、二歳の幼児義仲の亡命先として信濃を選び、その信濃の数ある武士の中でとくに中原兼遠を頼ったのは、ひとえに兼遠が、義仲の乳母の夫であったからに外ならない。また兼遠が、悲壮な覚悟で義仲の養育を引き受けそれを見事やり遂げたのも、乳母夫であることが、理由の半ばを占めていた。

樋口次郎兼光・今井四郎兼平・巴御前の兄弟妹は、乳母子である。それだけでもって義仲と親近なつながりが生ずるのは、さきの宗盛や頼朝の例からもわかるのであるが、義仲の場合にはそれ以上の意味があった。二歳の幼児から三十一歳の没年まで、義仲はこの兄妹とほとんど離れることがなくて、生活をともにした。終生ついに一人の肉親の愛情を味わうことのできなかった義仲にとって、心の通い情の分ち得るものはこの兄妹以外にはなかったのである。

義仲には、乳のつながりは血のつながり以上の価値を有した。

義仲の人間形成・教養・武術鍛錬・棟梁としての修業、そのほか生活のあらゆる面にわたって、乳母子によって作りあげられていったとさえいえる。とともに、義仲の喜怒哀楽のあるところ、それはそのまま乳母子の喜怒哀楽であった。多くの乳母子のあるところ、義仲ほどそれと表裏一体であるものは、おそらく貴族、武士を通じてなかったのではなかろうか。

寿永二年の春、頼朝との危機回避の条件として提出された義仲の嫡子義高を人質とすることに、兼平は真向から反対した。事の成否や勝算を考えるよりも、主君の愛子を質子とすること自身を、兼平の乳母子としての感情が許さなかったのである。義仲は心中それを喜びながらも簡単にそれを黙殺し、小室太郎らの建議にしたがって義高を質子とした。この義仲の無雑作な態度は、乳母子の感情を抜きにしては理解できない。そして、黙殺されたことをいささかも心にかけていない兼平の振舞いも。

この兼平はもちろんのこと、兼光にしても巴にしても、戦の庭で名乗りをあげるときは、なにをおいても「われこそは木曽殿の乳母子」という文句を入れることを忘れていない。戦いが武士の生命であり、名乗りがその象徴であるとするならば、そこに乳母子を強調していることは、まさに兼光・兼平・巴にとって、乳母子こそかれらの生甲斐であり指針であったことを示すものといえよう。

一方義仲も、乳母子こそ生きるための支えであった。危急存亡のときにおいては、結局、すべてを乳母子に託している。

倶利伽羅谷の合戦で、作戦上のポイントは、背後に廻る迂回軍の成否にかかっていた。安心してそれを任せられるもの、義仲には乳母子以外になかったのである。迂回軍を指揮したのは兼光であり、そして成功した。それに先立つ般若野の戦いは、破竹の進撃をつづける平家にストップをかける大事な緒戦であった。強行につぐ強行という無理な機動戦でなければ、成功の可能性はほとんどなかった。

それを黙々と遂行したのは兼平である。

入京後の義仲の遭遇した最初の危機は、公家の総排斥と行家などの離反を受けながらも、対応策を講じられないままに、院宣にしたがって平家追討のため西下しなければならなかった時であった。留守にする京都に誰を残すか。下手すれば、自分が破滅するだけでなく、主君の滅亡は火を見るよりも明らかである。なかなかの大役であった。このときもやはり義仲は、乳母子の兼光を頼りとし、かれに自分の運命を委ねているのである。

元暦元年正月二十日、義仲最期の日、武勇よりは気力一本で義仲の側を離れなかった巴。その巴御前が、今生の暇乞いに義仲に見せた戦いであげた名乗りは、義仲をさして主君や夫という文句ではなくて、やはり「木曽殿の乳母子」というのであった。

最期の地、粟津ヶ原まで伴《とも》をしたただ一騎が、乳母子兼平であったことはいうまでもない。

義仲の乳母子にとっては、義仲だけが、かれらの人生のすべてであった。また義仲にとっては、乳母子だけが真に一族郎党の名に価するものであった。

木曽谷の開幕から粟津ヶ原の閉幕に至るまでの人生模様は、これら乳につながる人々の生活とそのもつ意味を、今にわれわれに語りかけるものといわねばなるまい。

木曽の家

義仲が粟津ヶ原の露と消えたのち、木曽という家はいったいどうなったであろうか。本書を終えるにあたって、そのことに少し触れておきたい。

まず頼朝のもとに人質としてとめられていた十二歳の少年、義仲の嫡子志水冠者義高の身のうえである。

義高は、頼朝の娘大姫《おおひめ》と結婚することになっていた。当時五、六歳の大姫は、許嫁として義高を慕っていたのである。それを熟知しているだけに頼朝は、義高をどう処遇するかに苦しんだ。そして頼朝は、辛うじて生きながらえたがために父の怨みを晴らすことができたわが身の上に思いをいたし、いかに最愛の娘の聟ときめた義高とはいえ、将来の禍根《わざわい》を絶とうと決心した。あの果断な頼朝が、この決心をするまでに二ヵ月もかかっているから、相当苦慮したことは想像できる。そして娘や妻政子の耳にはいることを防ぐために、極秘のうちに義高を殺害することを命じた。ところが、これをもれ聞いた宮仕えの女房が大姫に知らせたため、義高は、信濃から連れてきていた同年の海野《うんの》小太郎雪氏《ゆきうじ》を身代りにして警備のものの目をくらまし、ひそかに鎌倉を脱出した。

翌日おそくこのことを知った頼朝は激怒し、堀藤次親家以下の武士を四方に派遣して義高の行方をさがした。ついに義高は武蔵国で捕えられ、入間川《いるまがわ》の河原で斬られた。元暦元年四月二十六日、義仲討死の二ヵ月あまり後のことである。

翌五月、頼朝は甲斐や信濃にひそむ義高の残党をさがしだして討つため、和田義盛などの武士に発向を命じている。義高の残党というのは名目で、本心は義仲の遺児などをさがすことにあったのであろう。この捜索行の結末はわからないが、義仲の遺児で男の子が、もし信濃などにひそんでいたのならば、このとき殺されてしまった可能性が大いにある。

義仲には宮菊という妹がいた。義仲の同母妹であったか、また義仲とともに中原氏に養われて信濃で成人したのかは不明である。しかし『平家物語』や『源平盛衰記』などの軍記物には、宮菊のことには一切触れていないから、義仲が信濃へ逃げたときから一緒でなかったのかもしれない。『吾妻鏡』によると、義仲討死の翌文治元年（一一八五）に美濃国から上洛したとあるから、信濃にいたのではなかろう。おそらく義仲の異母妹であって、父義賢の討たれたのち、義仲とは別の縁故によって美濃で成人したのではなかろうか。父の討たれたとき義仲は二歳であったのだから、宮菊は一歳であり、したがって文治元年当時は三十一歳の勘定になる。

頼朝の妻政子は、宮菊を猶子《ゆうし》とした。猶子というのは仮りの親子関係を結ぶことで、養女と違うのは相続権がないことである。政子の猶子となったのは、もちろん義仲没後のことであろう。宮菊が上洛すると、腹黒い連中が言葉巧みにとりいって、将軍の息女としての宮菊の名をかり、公家の荘園を掠領するなどいろいろと不正を行なった。それで頼朝は、文治元年の五月、宮菊を京都から鎌倉へ呼び寄せている。

鎌倉へ下った宮菊は、ことに政子に可愛がられた。頼朝も、兄の義仲が朝敵として討伐されたからといって、それほどの罪のない妹までとがめる必要はないと、美濃国のある村を領地として与えた。それだけではなく、小諸《こもろの》太郎《たろう》光兼《みつかね》以下の信濃の御家人《ごけにん》（頼朝と主従関係を結んだ武士）に、宮菊の面倒をよくみて世話するように命じている。おそらく宮菊は、こののち安穏な生活を送ったことであろう。しかし誰と結婚し、子供が生まれたかどうかということは、残念ながらわからない。

義仲の遺族のうち消息の判明するのは、以上の義高と宮菊の二名だけである。

『尊卑分脈』には、まだ義基と義宗という二子がいたことになっているが、義基（義高と同人という説もある）も義宗も杳《よう》として消息は不明である。頼朝の命による元暦元年（一一八四）五月の義高残党誅伐隊によって、さがし出されて殺された可能性が強いが、『吾妻鏡』には討伐隊の任命と発向をのせるだけで経過や結末の記事を欠いているから、断言はできない。

いずれにしても、義仲の血統の本宗を伝える木曽家の嫡流は、義仲・義高の死をもって断絶したと考えるのが穏当のようである。

ところで、室町時代の中期からいわゆる戦国時代にかけて、木曽谷で活躍した豪族に木曽氏というのがある。この家では木曽義昌《よしまさ》が知られている。義昌は武田信玄に攻められてついに弘治元年（一五五五）その軍門に降り、信玄の娘を娶った。信玄の死後は織田信長に従ったが、子の義利《よしとし》の代になって徳川家康に仕え、天正十八年（一五九〇）に下総国で一万石の大名となった家である。

この木曽氏の系図というのを見ると、義昌の十一代前の祖が家道といい、家道の兄家村から高遠・上野・馬場・熱川の四家が分れて出ている。木曽家の本流は、兄の家村の系統に伝えられずに弟の家道の方に継がれたことになっている。この家道の六代前が木曽義仲で、その次子義基の流れが木曽義昌の家だというのである。

しかしこの系図は、江戸時代に旗本に千六百石の馬場利重《ばばとししげ》というのがいたが、利重が寛永十八年

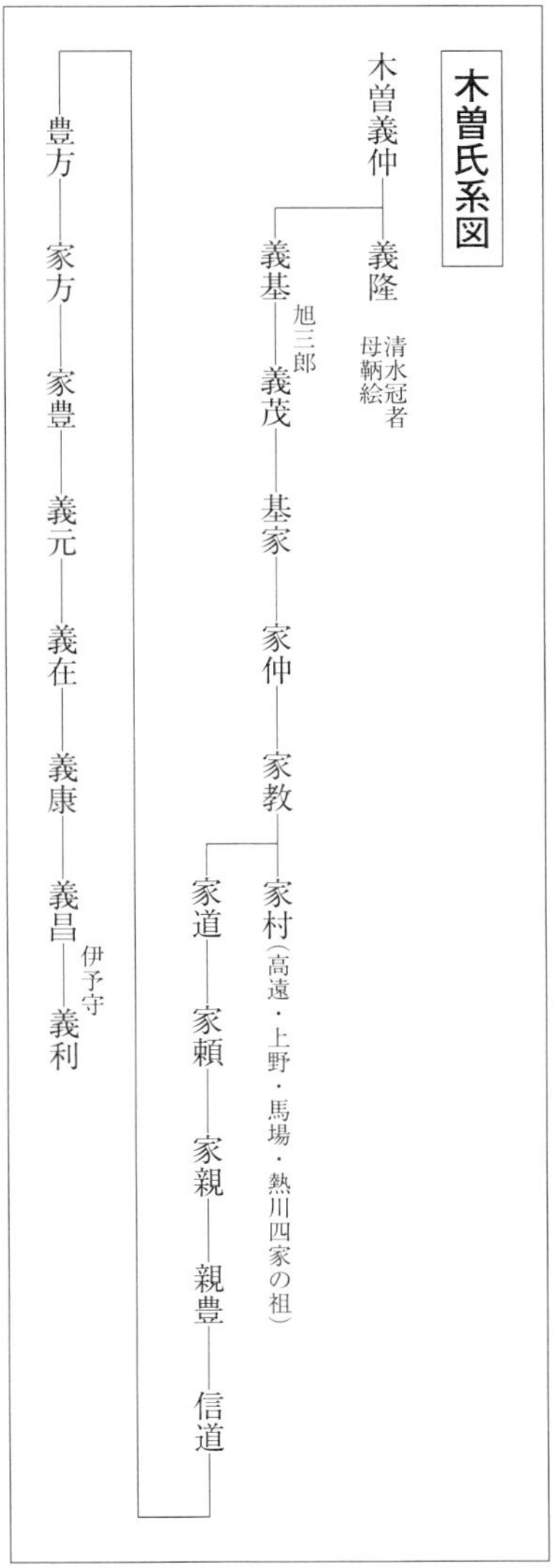

（一六四一）ごろに幕府の要求で提出した系図を写したものと考えられている。義昌の二、三代前あたりから以後のことはともかくとして、この系図だけを根拠にして、義仲の次子の義基の子孫が連綿として木曽谷に住み、木曽家は江戸時代まで続いたと信ずるのはいささか軽率であろう。

弟義経の愛人静御前《しずかごぜん》が生んだ子が男の子であったため、周囲の人やことに静御前の哀願にもかかわらず、将来頼朝を仇と狙うかもしれないと思えば、生まれて間もない赤ん坊さえ殺した頼朝である。冷酷といわれる反面に、常人以上に子煩悩《こぼんのう》で度外れの恐妻家であった頼朝が、娘の嘆きと妻の怒りを充分予想していても、目的達成のためには義高を討つことを中止はしなかった。

そうした頼朝が、義基・義宗の所在がわかったときに黙って見過すことが果してあったであろうか。もしも討手をのがれたと得すれば、それはよほどの幸運にめぐまれ、秘密の漏洩がなかったものと思う。そしてその場合は、堂々とのちに系図化されるものを長い期間にわたって保持しつづけられたか、はなはだ疑問である。

ただわたくしにいえることは、義仲の血、というよりもむしろ、その父義賢の血を伝える可能性のあるものとしては、義仲の妹宮菊があったということぐらいである。

木曽義仲年譜

西暦	年号	年齢	事項	参考事項
一一五四	久寿元	1	木曽義仲生まれる	
一一五五	二	2	8・16源義平、源義賢を大倉館に討つ。義仲、信濃に逃れて中原兼遠にかくまわれる	
一一五六	保元元	3		7・11保元の乱
一一五九	平治元	6		12・9平治の乱
一一六〇	永暦元	7		1・4源義朝、尾張で殺さる　3・11源頼朝、伊豆に流さる
一一六六	仁安元	13	このころ義仲、石清水八幡宮で元服という	
一一六七	二	14		2・11平清盛、太政大臣となる
一一七七	治承元	24		5月、鹿ヶ谷の陰謀あらわる
一一七九	三	26		11・20平清盛、クーデターを起し後白河法皇を幽閉し院政廃止
一一八〇	四	27	5・26宇治の戦に以仁王、源頼政ら敗死、義仲の兄仲家も討死す。この月、以仁王の令旨が義仲に伝えられる	6・2福原遷都　8・17頼朝伊豆に挙兵　23石橋山の戦　10・6頼朝鎌倉に入る　18富士川の対陣に平軍

			9・7義仲挙兵　10・13義仲、上野国に入る　12・24義仲、上野国多胡荘より信濃に帰る。この月、城助長、義仲を討とうと出陣中に急死	大敗　12・28平重衡東大寺、興福寺を焼く
一一八一	養和　元	28	6・13、14義仲、横田河原に城軍を破る　8・15義仲追討のため城助茂を越後守とする。平経正、北陸道に進発　16平通盛、北陸道に進発　9・6通盛ら義仲軍と越前水津に戦って敗れる	2・4平清盛没する(六四歳)
一一八二	寿永　元	29	10・20通盛ら北陸より帰洛　この年凶作。義仲・頼朝・平氏の三勢力対峙する	
一一八三	二	30	3・26義仲、頼朝と不和。和議のため嫡子義高を鎌倉へ送る　4・17維盛ら平軍、北陸へ発向　27平軍、義仲軍の守る越前燧城を落す　5・2平軍、加賀に入り、林光明の拠城を落す　9越中般若野の戦。今井兼平、平盛俊を破る　11義仲軍、越前を発し越中に入り、倶利伽羅山に平軍を夜襲。平軍大敗　12能登志雄山の戦。平知度討死　6・	

1安宅・篠原の戦。平軍、再び大敗。斎藤別当実盛討死　10義仲越中の国府に入り、延暦寺僧徒を誘う　29義仲、近江に進む　**7**・2延暦寺、義仲の求めに応ずる　10義仲軍の先鋒、瀬多に着く　12平家一門、延暦寺に起請文を送るが効なし　21平資盛ら近江に向う　22義仲、延暦寺に拠る。平知盛、重衡ら戦わずして京に帰る。よって後白河法皇、ひそかに鞍馬路から延暦寺に入る　25平家一門、安徳天皇を奉じて西海に走る　27法皇京都に帰る　28義仲、行家入京し院御所に参入　30法皇、義仲に京都守護を命ず　**8**・10義仲従五位下左馬頭兼越後守に、行家は従五位下備後守に任ぜらる　16義仲、伊予守に、行家、備前守に遷る　20法皇、義仲の推す北陸宮を斥け後鳥羽天皇践祚る　**9**・20義仲、平氏追討のため播磨へ下る　**10**・12義仲、備中の妹尾兼康を討つ　14いわゆる十月宣旨発布　23法皇、

一一八四	元暦 元	31	頼朝に義仲と和平することを求む　閏10・1義仲軍、備中水島の戦で平軍に大敗。海野幸広、矢田義清ら討死　15義仲、平家追討を中止し播磨より帰洛　20このころより院と義仲、義仲と行家の不和はなはだしくなる　11・8行家平氏追討のため西下　17法皇、義仲を詰問し京都退去を命ずる　19義経、頼朝の代官として伊勢に入る　28義仲、法皇の近臣ら四十余人を解官し、その所領を没収す　29行家、播磨の室泊の津で平軍に敗北　12・2義仲、平家没官領を総領す　10義仲、ようやく頼朝追討の院宣を得る。左馬頭を辞す　15法皇、藤原秀衡に頼朝追討の院宣を下す　21頼朝、延暦寺に義仲追討の同心を求む 1・6義仲、従四位下に進む　10義仲、征夷大将軍となる　12義仲、平家と和そうとして成らず　13義仲、北陸へ下向しようとして中止　16義仲の軍勢、

			近江より退却 19樋口兼光を河内に遣して行家を討たせる 20宇治川・瀬多の戦。源範頼、義経に攻められて義仲、近江国粟津で討死。今井兼平自害 21樋口兼光、義経に捕えらる 26義仲らの首を七条河原に梟す 2・2兼光斬首 4・26頼朝、清水冠者義高を殺す 5・1頼朝、義高の残党討伐のため信濃・甲斐に武士を派遣	2・7一ノ谷の合戦
一一八五	文治元		3月 義仲の妹宮菊、美濃より上洛 5・1宮菊、鎌倉に下る。頼朝夫妻保護する 3頼朝、宮菊の扶持を信濃の御家人らに命ずる	2・19屋島の戦 3・24壇ノ浦の戦、平家滅亡

『木曽義仲』を読む

長村祥知

著者　下出積與

本書の原版は、一九六六年三月、叢書「日本の武将」の一冊として人物往来社から刊行された。原版(初版)の奥付では著者名の読みが「しもいで・つみよ」となっているが、正しくは「しもで・せきよ」である。

著者である下出積與氏の経歴は、「下出積與博士年譜　著作目録」(下出積與博士還暦記念会編『日本における国家と宗教』大蔵出版、一九七八年)、森田悌「下出積與氏の訃」(『日本歴史』六〇四、一九九八年)、圭室文雄「下出積與先生の御他界を悼む」(『駿台史学』一〇九、二〇〇〇年)によれば次の通り。一九一八年四月、石川県に生まれ、一九四一年に東京帝国大学文学部国史学科を卒業。岩波書店嘱託(『国書総目録』編集業務に従事)、神祇院嘱託(その間、東部第四十九部隊に入隊・復員)、北国新聞社、石川県立中学校・高等学校の勤務を経て、一九四九年に金沢高等師範学校教授に着任。その後、一九五一年に金沢大学法文学部講師に配置換え、一九五八年に同助教授、一九六七年に同教授に昇任し、一九六八年に明治大学文学部教授に着任、一九八九年三月に退職。その後は名古屋を居所とし、一九九八年五月に逝去。

下出氏は、最初期の論文「神仙思想―日本武尊と聖徳太子説話を中心として―」(『日本歴史』三八、一九五一年)や、著書『日本古代の神祇と道教』(吉川弘文館、一九七二年。同題の論文により、一九七五年に東京大学より文学博士の学位を授与されている)をはじめとして、古代の民衆宗教史研究者として多数の編著書を残している。そうした経歴からは意外にも思えるが、本書『木曽義仲』こそは下出氏の初の単著であった。

当時、金沢大学助教授であった下出氏は、北陸の地域史への関心と、治承・寿永内乱期への関心から、その交点となる木曽義仲の研究に着手したのであろう。本書刊行の前年、本書のダイジェスト版というべき、木曽義仲の生涯を概観した下出積與「旭将軍木曽義仲」(桑田忠親編『日本の合戦　一源平の盛衰』人物往来社、一九六五年)を公表しており、これが義仲・内乱期についての氏の最初の論著である。また本書刊行の翌年にも、下出積與「源平の武将たち」(『国文学　解釈と鑑賞』三二―一一、一九六七年)を公表している。

類書の少ない人物

余談ながら、本書が公刊された一九六六年は、NHK大河ドラマ「源義経」が放映された年であった。平安後期~鎌倉初期を扱った大河ドラマはその後も放映されたが、主人公は再度の源義経（二〇〇五年）や源頼朝（一九七九年）・平清盛（一九七二年・二〇一二年）・平泉藤原氏（一九九三~一九九四年）であった。そのためというわけではなかろうが、当該期の政治史における彼等の意義や、鎌倉幕府・平家政権については研究が進み、それぞれの名を帯した書籍も複数刊行されている。

しかし、小説や私家版を除けば、専門研究者が執筆した「木曽義仲」を題に含む書籍は、本書のほかではごく少数があるに過ぎない。『平家物語』の登場人物としての義仲や伝承地を扱った単著書として、武久堅『平家物語・木曽義仲の光芒』（世界思想社、二〇一二年）、伊藤悦子『木曽義仲に出会う旅』（新典社、二〇一二年）があり、実在の義仲を扱った単著書では永井晋『源頼政と木曽義仲』（中公新書、二〇一五年）があり、共著書では義仲の実像と伝説の双方を扱う鈴木彰・樋口州男・松井吉昭編『木曽義仲のすべて』（新人物往来社、二〇〇八年）が挙げられる程度である。ここに挙げた単著・共著がいずれも二〇一〇年前後になってようやく刊行されたことも踏まえておく必要があろう。すなわち、類書の少ない人物を取り上げた希少な単著であるという点、ここに、刊行から五十年を経たにもかかわらず、本書を復刊する意義が存するのである。

本書の内容

本書は、実に正統的な人物史のスタイルを採る。同時代の貴族の日記である『玉葉』『吉記』や後世に成立した『平家物語』『吾妻鏡』等を用いて、日付や人名に齟齬がある際は検討を加え、義仲の生涯に沿って出来事の事実や意義・評価を叙述している。

「駒王丸」では、久寿二年（一一五五）八月の武蔵国大倉（蔵）館における父源義賢の敗死から、二歳の駒王丸が信濃に逃れて治承四年（一一八〇）を迎えるまでを扱い、東国武士団と源平の棟梁との関係や、兄源仲家についてもふれる。

「木曽谷の旗挙げ」では、治承四年（一一八〇）の反平家の挙兵から、翌治承五年六月に越後の城助茂に勝利した横田河原合戦とその後の北陸武士の動向までを描く。

「倶利伽羅の合戦」では、寿永二年（一一八三）四月・五月の加賀・越中における義仲および北陸武士と追討軍との合戦を中心に、そこに至るまでの義仲と頼朝との関係や平家側の動向を述べる。

「義仲上洛」では、倶梨伽羅合戦の勝利後、山門との交渉を経て、寿永二年七月（下出氏は二十七日とする）に入京するまでを扱い、右筆をつとめた大夫房覚明や、都落ちする平家の動向についても述べる。

「旭将軍」では、入京後の寿永二年八月から翌寿永三年（一一八四）正月の討死までを扱う。とくに乳母子である樋口兼光・今井兼平・巴との結びつきの深さについて、情感豊かな表現が目立つ。その他、妹の宮菊や戦国時代の木曽氏についてもふれている。

巻末には「木曽義仲年譜」を付す。

本書の特徴

本書では、義仲と関わりのある様々な人物や地域について幅広く言及しているが、特に北陸の武士や地理について詳細な点が注目される。下出「源平の武将たち」（前掲論文）では、富士川合戦後に関東にとどまった頼朝と対比して、義仲が倶利伽羅合戦後に地固めをせずに上洛したことを滅亡の原因と位置づけるなど、北陸での動向を重視している。本書では、意識して均質に義仲の生涯を描こうとしたためか、論文ほどには強調されていないが、倶利伽羅合戦後の義仲の上洛を否定的に評価し、上洛をとどめる力量と見識をもった腹心の部下を得なかった点を弱点として挙げている（八六頁）。

北陸の地域史と義仲という視角で想起されるのは、金沢大学で下出氏の薫陶を受けた浅香年木氏（一九三四～一九八七）の研究である。浅香年木『治承・寿永の内乱論序説』第二編第三章（法政大学出版局、一九八一年）は、義仲と共に入京した「相伴源氏」と「衆徒・堂衆・神人集団」からなる「兵僧連合」の動向を基軸として、入京から没落に至る木曽義仲と当該期の政治過程を論じた。長く唯一の本格的研究といって良い位置を占めた浅香氏の木曽義仲論が、下出氏の学統から生まれたことを確認しておきたい。

また、『平家物語』諸本への視線が注目される。平安末期の信濃や北陸の政治的動向については、古文書・古記録が限られていることもあり、後世に成立した『平家物語』を頼りにせざるをえないところが大きい。ただし、『平家物語』は諸本によって叙述が大きく異なるため、場面ごとに諸本の比較検討が必要となる。今日では、延慶本『平家物語』が古態を多く残し、同時代史料に整合する部分が多いという評価が定まりつつあるが、下出氏は、当時の研究水準もあってか、おそらく諸本の優劣といった先入観にとらわれずに、場面ごとに比較検討を加えたと推察される。

本書で目立つのは、『平家物語』諸本のなかでも後出本とされる『源平盛衰記』を用いているところである。それが独自の検討の結果であることを示す記述もあるが、研究論文ではないこともあり、どの部分で、どの程度の『平家物語』諸本の比較検討を行なったのか、必ずしも分明ではない点が惜しまれる。『源平盛衰記』を後出本として切り捨てるのではなく、独自の有効な叙述を検討するという視点は、今日においても必要であろう。

その後の義仲研究

本書刊行から五十年を経て、当該期の政治史研究は大きく進展した。本書一四〇頁以下に、平家一門を「哀愁の武者」と表現して、貴族的であるために滅亡したことを過度に強調する理解がある。これは下出氏に限らず、かつての通説的な平家像・武士理解であったが、髙橋昌明『増補改訂 清盛以前』(平凡社ライブラリー、二〇一一年)や元木泰雄『武士の成立』(吉川弘文館、一九九四年)、野口実『東国武士と京都』(同成社、二〇一五年)等により、平家をはじめとする都の武士そのものの理解が見直されている。

その一方で、研究者が執筆した「木曽義仲」を題に含む書籍が少ないことは既述の通りであり、実在の義仲を論じた研究論文もまた数が限られている。

特に信濃・上野や北陸における位置づけは、高橋一樹「越後国頸城地域の御家人」（『上越市史研究』二、一九九七年）、菱沼一憲『中世地域社会と将軍権力』第二章（汲古書院、二〇一一年）、村石正行「治承・寿永の内乱における木曽義仲・信濃武士と地域間ネットワーク」（『長野県立歴史館研究紀要』一六、二〇一〇年）、佐々木紀一「木曽義仲の挙兵と北陸経略について」（『山形県立米沢女子短期大学紀要』五一、二〇一五年）等によって新たな視角の研究が進められているが、しかし北陸を発して後の京や西国での動向については、既述の浅香年木氏の研究がほぼ唯一のものであった。

二〇一〇年代になって長村祥知もいくつかの小文を公表し、義仲が寿永二年（一一八三）の上洛時に反平家軍と連携していたことや、入京後は、在京して畿内近国の支配を強化し、官位上昇により武士を統制するという志向を有していたことを論じ、王朝の制度に無知な反権威的人物とする従来の義仲像を改めるべきこと等を主張している。また、義仲が西海での平家追討戦の際に発した下文の写も発見した（長村祥知「木曽義仲」〈野口実編『中世の人物　京・鎌倉の時代編　二』清文堂出版、二〇一四年〉の参考文献参照）。

こうした近年の研究の成果を組み込み、木曽義仲の人物史としてわかりやすく執筆した書籍の刊行は、我々後進に課せられた課題である。

（京都府京都文化博物館学芸員）

本書の原本は、一九六六年に人物往来社より刊行されました。

著者略歴
一九一九年　石川県に生まれる
一九四一年　東京帝国大学文学部国史学科卒業
　　　　　　金沢大学教授、明治大学教授を歴任
一九九八年　没

〔主要著書〕
『神仙思想』（吉川弘文館、一九六八年）、『日本古代の神祇と道教』（吉川弘文館、一九七二年）、『日本古代の仏教と神祇』（吉川弘文館、一九九七年）、『日本古代の道教・陰陽道と神祇』（吉川弘文館、一九九七年）、『白山の歴史』（北國新聞社、一九九八年）

読みなおす日本史

木曽義仲

二〇一六年（平成二十八）十一月一日　第一刷発行

著　者　下出《しもで》積與《せきよ》
発行者　吉川道郎
発行所　株式会社 吉川弘文館
郵便番号一一三―〇〇三三
東京都文京区本郷七丁目二番八号
電話〇三―三八一三―九一五一〈代表〉
振替口座〇〇一〇〇―五―二四四
http://www.yoshikawa-k.co.jp/
組版＝株式会社キャップス
印刷＝藤原印刷株式会社
製本＝ナショナル製本協同組合
装幀＝渡邉雄哉

ISBN978-4-642-06719-5

読みなおす日本史

刊行のことば

　現代社会では、膨大な数の新刊図書が日々書店に並んでいます。昨今の電子書籍を含めますと、一人の読者が書名すら目にすることができないほどとなっています。ましてや、数年以前に刊行された本は書店の店頭に並ぶことも少なく、良書でありながらめぐり会うことのできない例は、日常的なことになっています。

　人文書、とりわけ小社が専門とする歴史書におきましても、広く学界共通の財産として参照されるべきものとなっているにもかかわらず、その多くが現在では市場に出回らず入手、講読に時間と手間がかかるようになってしまっています。歴史の面白さを伝える図書を、読者の手元に届けることができないことは、歴史書出版の一翼を担う小社としても遺憾とするところです。

　そこで、良書の発掘を通して、読者と図書をめぐる豊かな関係に寄与すべく、シリーズ「読みなおす日本史」を刊行いたします。本シリーズは、既刊の日本史関係書のなかから、研究の進展に今も寄与し続けているとともに、現在も広く読者に訴える力を有している良書を精選し順次定期的に刊行するものです。これらの知の文化遺産が、ゆるぎない視点からことの本質を説き続ける、確かな水先案内として迎えられることを切に願ってやみません。

二〇一二年四月

吉川弘文館

読みなおす
日本史

- 昭和史をさぐる　伊藤　隆著　二四〇〇円
- 歴史的仮名遣い　その成立と特徴　築島　裕著　二二〇〇円
- 時計の社会史　角山　榮著　二二〇〇円
- 漢　方　中国医学の精華　石原　明著　二二〇〇円
- 墓と葬送の社会史　森　謙二著　二四〇〇円
- 悪　党　小泉宜右著　二二〇〇円
- 戦国武将と茶の湯　米原正義著　二二〇〇円
- 大佛勧進ものがたり　平岡定海著　二二〇〇円
- 大地震　古記録に学ぶ　宇佐美龍夫著　二二〇〇円
- 姓氏・家紋・花押　荻野三七彦著　二四〇〇円

- 安芸毛利一族　河合正治著　二四〇〇円
- 三くだり半と縁切寺　江戸の離婚を読みなおす　高木　侃著　二四〇〇円
- 太平記の世界　列島の内乱史　佐藤和彦著　二二〇〇円
- 白　隠　禅とその芸術　古田紹欽著　二二〇〇円
- 蒲生氏郷　今村義孝著　二二〇〇円
- 近世大坂の町と人　脇田　修著　二五〇〇円
- キリシタン大名　岡田章雄著　二二〇〇円
- ハンコの文化史　古代ギリシャから現代日本まで　新関欽哉著　二二〇〇円
- 内乱のなかの貴族　南北朝と「園太暦」の世界　林屋辰三郎著　二二〇〇円
- 出雲尼子一族　米原正義著　二二〇〇円

読みなおす日本史

- 富士山宝永大爆発　永原慶二著　二二〇〇円
- 比叡山と高野山　景山春樹著　二二〇〇円
- 日　蓮　殉教の如来使　田村芳朗著　二二〇〇円
- 伊達騒動と原田甲斐　小林清治著　二二〇〇円
- 地理から見た信長・秀吉・家康の戦略　足利健亮著　二二〇〇円
- 神々の系譜　日本神話の謎　松前　健著　二四〇〇円
- 古代日本と北の海みち　新野直吉著　二二〇〇円
- 白鳥になった皇子　古事記　直木孝次郎著　二二〇〇円
- 島国の原像　水野正好著　二四〇〇円
- 入道殿下の物語　大鏡　益田　宗著　二二〇〇円
- 中世京都と祇園祭　疫病と都市の生活　脇田晴子著　二二〇〇円
- 吉野の霧　太平記　桜井好朗著　二二〇〇円
- 日本海海戦の真実　野村　實著　二二〇〇円
- 古代の恋愛生活　万葉集の恋歌を読む　古橋信孝著　二四〇〇円
- 木曽義仲　下出積與著　二二〇〇円
- 足利義政と東山文化　河合正治著　（続　刊）
- 角倉素庵　林屋辰三郎著　（続　刊）
- 僧兵盛衰記　渡辺守順著　（続　刊）